오늘, 저에게
마음이 생겼습니다

WPI 상담으로 만드는 고숙희의 마음

고숙희 지음

오늘, 저에게
마음이 생겼습니다

추천의 글

"자기가 만드는 새로운 삶으로"
– 고숙희의 고통을 넘어 새로운 자기를 만드는 여정

국혜조
(WPI 심리상담가, 한국 Somatic experiencing 협회장, 트라우마 치유 전문가)

2024년, 우리 사회는 많은 변화와 도전을 겪고 있습니다. 이런 시기에 한 개인의 치유와 회복의 여정을 담은 특별한 책을 소개하고자 합니다. 20년 가까이 심리상담사로 일하면서, 저는 수많은 내담자들의 고통과 성장을 지켜보았습니다. 그 과정에서 인간의 자기 고통에 대한 성찰과 자기성장에 대한 열망이 얼마나 큰 기적을 만들어내는지 끊임없이 목격해 왔습니다. 2년 전 만난 고숙희 님의 이야기는 그중에서도 깊은 울림을 주는 사례입니다.

인간이 겪을 수 있는 가장 극한의 고통들을 한꺼번에 경험한 삶이라 해도 과언이 아닐 것입니다. 고숙희 님은 태어나면서부터 뇌병변장애를 안고 태어났고, 그로 인해 부모에게 버림받아 보육 시설에서 자라야 했습니다. 하지만 그곳에서도 안전하지 못했습니다. 지속적인 폭력에 시달려야 했고, 그녀의 취약한 상황을 이용한 악질적인 성폭력까지 경험해야 했습니다. 더욱 가슴 아픈 것은 이러한 고통의 연속 속에서 그나마 그녀를 돕겠다고 나섰던 사람들과 그녀가 의지했던 공동체에서조차 배신을 당했다는 점입니다.

그럼에도 불구하고, 상담실을 찾아온 고숙희 님은 놀라운 결심을 보여주었습니다. 단순히 '성폭력 피해자'라는 굴레에서 벗어나는 것을 넘어, '고숙희'라는 한 개인으로서의 온전한 삶을 새롭게 시작하겠다는 마음을 보였습니다.

제가 트라우마 치유 전문가로 활동하면서 가장 자주 받는 질문이 있습니다. "이미 일어난 트라우마를 어떻게 치유할 수 있나요? 과거는 바뀔 수 없는데, 어떻게 그 고통에서 벗어날 수 있나요?" 이에 대한 제 답변은 명확합니다. 우리가 느끼는 고통은 과거의 사건 자체가 아닌, 현재에서 그 과거를 끊임없이 재경험하기 때문에 발생합니다. 실제로 우리는 현재를 살고 있다고 생각하지만, 트라우마로 인해 과거에 갇혀 있는 것입니다. 마치 끊임없는 시간 여행을 하듯, 과거의 고통을 현재에서 생생하게 다시 경험하고 있는 것입니다.

고숙희 님의 이야기는 트라우마 치유의 본질을 완벽하게 보여줍니다. 그녀는 현재의 마음을 온전히 인식하는 과정에서, 뇌병변장애로 인한 표현의 한계라고 믿었던 자신의 생각마저 변화시켰습니다. 그리고 마침내 과거의 고통에서 벗어나 새로운 자기를 만들어 가는 여정을 시작했습니다.

이는 단순한 피해 생존자의 이야기를 넘어섭니다. 인간이 태어나면서 누려야 할 기본적인 조건들—안전한 환경, 안정적인 애착 관계, 건강한 신체, 자유로운 자기표현—그 얼굴 근육조차 자유롭게 움직일 수 없어 말도 정확하게 표현하기 어렵고 그 어떤 것도 주어지지 않았던 한 사람이, 자신의 삶을 스스로 일구어 내겠다는 마음으로 일어선 이야기입니다. 그녀는 자신을 새롭게 만들 수 있다고 믿었고, 그 믿음으로 또 다른 삶을 만들어 냈습니다.

이것이야말로 한 인간이 자신의 삶을 주도적으로 재구성해 낸 위대한 여정이며, 동시에 트라우마로 고통받는 모든 이들에게 희망과 용기를 전하는 등대 같은 이야기입니다.

이 책은 우리에게 중요한 메시지를 전합니다. 아무리 깊은 상처와 고통이 있더라도, 우리는 새로운 삶을 만들어 갈 수 있다는 것. 그리고 그 과정에서 자신의 마음 읽기와 표현하기가 얼마나 중요한 역할을 하는지를 보여줍니다. 고숙희 님의 이야기가 트라우마 치유를 연구하는 전문가들에게도, 비슷한 고통을 겪고 있는 이들에게도 귀중한 통찰을 제공할 것입니다.

책을 내며

"날개를 다시 달다"
- 잃어버린 꿈과 삶을 찾아가는 상담 이야기

송유진
(마음서원 부산 WPI 심리상담코칭센터 센터장)

"날개 잃은 새에게 날개를 달아주듯이 꿈을 잃은 사람에게 꿈을 찾아주는 그다지 유명하지는 않아도, 도움이 되는 사람이 되자."

중2때 다이어리에 적은 저의 꿈입니다. 어린 여학생의 감상 어린 꿈일 수 있었습니다. 그런데 세월이 지나고, 어느새 제가 하는 일이 그때의 일과 닮아 있음을 알게 되었습니다. 그 어린 나이의 제가 먼 훗날의 저에게 주문을 걸었나 봅니다.

현재 저는 마음서원 부산 WPI 심리상담코칭센터를 운영하면서, 마음을 다친 사람들을 만나고 있습니다. 한 명 한 명 내담자가 자신의 마음을 읽고, 자신의 삶을 제대로 살아갈 수 있도록 도와주는 일을 하면서 제가 하는 일이 가지는 무거움과 중요함을 더 깊이 느끼고 있습니다. 책임감에 살짝 주저앉고 싶을 때 숙희 씨가 준 초콜릿을 꺼냅니다. 그리고 보니 숙희 씨에게 받은 것이 참 많습니다. 길을 가다가 예쁜 액세서리를 발견하면 숙희 씨는 소녀처럼 기뻐하며 사게 된다고 합니다. 몇 년 전 숙희 씨에게는 없었던 일이라고 합니다. 그때 한 개만 사지 않고, 제 것까지 하나 더 사 가지고 와서 건넵니다. 일정 차 서울에 갔다 온 뒤에는 제가 빵을 좋아한다는 것을 기억해서 빵 맛집에서 사 온 빵도 건넵니다. 그렇게 제 서랍 안에는 숙희 씨가 저에게 준 선물들이 하나둘씩 늘어갑니다.

그러고 보니 양말도 있네요. 탈시설 10주년을 기념하는 자리에서 참석한 분들에게 준 선물입니다. 그 양말은 아까워서 못 신고 있습니다. 수줍어하면서 선물을 건넬 때의 숙희 씨의 살짝 머금은 웃음이 좋습니다. 오랫동안 저렇게 웃지 못했던 시간들을 알기에 그 웃음을 더 많이 보여줄 일들이 생겼으면 좋겠습니다.

처음 상담을 시작할 때와 지금의 숙희 씨를 생각하면 어느새 편하게 농담도 하고 같이 분노하며 그렇게 서로가 서로를 알아가는 친구가 되고, 좋은 동지가 되는 거 같습니다.

숙희 씨는 참 멋진 사람입니다. 그런데 자신이 얼마나 멋진 사람인지 첫 상담에서는 모르고 있었습니다. 스스로 알았으면 하는 마음이 간절했습니다. 그리고 지금은 그렇게 자신을 알아가고 더 많은 가능성을 찾아가는 모습을 보면서 제가 하는 일이 얼마나 큰일인지 뿌듯함을 느낍니다. 상담사가 뿌듯해질 때는 이럴 때인 거 같습니다. 내담자가 진정으로 자신을 알아가고 자신을 사랑하는 모습을 볼 때, 그때 저는 여기저기 막 자랑을 하고 싶습니다. 네, 그래서 책을 내기로 했습니다. 어쩌면 그렇게 이 책에는 그런 은근한 자랑이 담겨 있을지 모릅니다.

과거 정말 힘든 시간들을 잘 이겨냈고, 지금도 힘든 싸움을 하고 있는 숙희 씨와 함께해 온 시간, 그리고 또 함께할 시간들, 그 순간순간들이 모두 소중합니다. 그 소중한 순간순간들을 이 책에 담았습니다.

그리고 이 책을 읽을 당신도 정말 소중한 사람입니다. 책을 펼쳐 보고, 읽기를 결심한 당신의 마음, 그 모든 것이 정말 고마워서, 보이지 않은 독자들에게 다시 한번 고맙다는 말씀을 드리고 싶습니다.

정말 고맙습니다. 당신들은 모두 너무 소중한 사람들입니다.

목차

추천의 글: "자기가 만드는 새로운 삶으로"
　　　　　- 고숙희의 고통을 넘어 새로운 자기를 만드는 여정

책을 내며　"날개를 다시 달다"
　　　　　- 잃어버린 꿈과 삶을 찾아가는 상담 이야기

* 제1장 *
2023년 숙희 씨의 봄

상담실로 걸려 온 전화 _16
숙희 씨와의 상담을 준비하면서 _19
2023년 3월 14일, 숙희 씨를 1년 만에 만나다! _22
20대가 쑝 하고 날아갔어요 _31

* 제2장 *
이기적으로 살아도 괜찮아요!

힘들다고 말하는 게 제일 힘들어요 _40

숙희 씨의 6월, 설렘과 아픔 사이 _47

난 지구라는 별에 버려졌다 _53

7월 7일 재판, 숙희 씨의 증언을 듣다! _59

잠시 나만을 위한 시간 _64

* 제3장 *
숙희 씨 우리 책을 만들까요?!

재판 후의 삶을 이야기하다 _70

숙희 씨의 과거! 시설시절 _76

탈시설! 자립을 꿈꾸다 _83

장차연을 나오고 그 뒤 _90

* 제4장 *
2023년 숙희 씨의 겨울: 봄은 올까요?

어느 비 오는 겨울밤 _108

2023년의 마지막을 보내며 _116

이제 나를 드러내며 _130

기다림의 끝 1월 17일! _140

* 제5장 *
숙희 씨의 새로운 봄

일상에서 권리 찾기 _150

3·8 여성의 날 수상자가 되다 _159

올해의 여성상이 숙희 씨에게 주는 의미는? _164

진정한 독립은 이제부터 _171

이제 내 시간과 나를 아끼며 살아가기 _177

* 제6장 *
고숙희의 장애인 인권 운동

숙희 씨의 장차연에서의 8년! _184

장차연의 굴레를 벗고, 나만의 정체성을 찾아서 _192

나만의 방식으로, 자유롭게 나답게 _208

* 제7장 *
숙희 씨와의 동행

2023년에서 2024년 10월까지 _218

10월 25일, 가해자 B의 판결 날 _223

다시 "세상에서 제일 맛있는 밥 한 끼"를 희망하며 _227

숙희 씨를 응원하는 분들의 응원 글

제1장

2023년
숙희 씨의 봄

상담실로 걸려 온 전화

"장애인 상담도 가능합니까?"

2022년 9월이 시작되는 아침이었다. 부산 WPI 모임[1]으로 알고 지내는 특수학교 선생님에게 걸려 온 전화를 받자마자 선생님은 장애인도 상담이 가능하냐는 질문부터 던졌다. "당연하죠!"

상담에 장애인·비장애인 구별이 있을 수 없기에, 당연히 가능하다고 말씀드렸다. 그러자 선생님은 특수학교 수업에서 만난 제자가 있는데, 지금 그 제자의 상담이 가능한지 알고 싶다고 했다. 그러면서 선생님은 조심스럽게 제자가 가진 장애를 이야기했다.

"뇌병변장애도 있고, 언어장애도 있습니다."

---

1) 2018년 12월, WPI를 통해 자신의 마음을 읽고 삶을 주체적으로 살고자 하는 사람들이 자발적으로 모여 시작한 모임

"네."

"그런데, 지금 이 친구가 성폭력 피해자이고, 지금 재판 중인데 자살시도도 여러 번 했습니다."

선생님의 목소리는 점점 작아졌다. 나의 반응도 조금 느리게 나왔다.

"…아, 네….." 작아진 내 목소리와 달리 선생님의 목소리는 단호했다.

"선생님만 믿겠습니다! 그럼 제가 그 친구에게 여기 가보라고 해 보겠습니다."

그리고 어떻게 상담을 준비해야 하나 고민을 하고 있을 때 다시 선생님에게서 연락이 왔다. 제자분이 상담받기를 거부한다고 했다. 다시 설득해 보겠다는 선생님의 말씀이 있으셨고, 난 그렇게 그분의 이름도 못 물어봤구나라는 생각을 하며 그 전화를 잊고 있었다. 그리고 2023년 2월에 다시 선생님에게서 연락이 왔다.

드디어 제자분이 상담을 받기로 결심했다는 말씀을 전하면서 상담비는 부산성폭력상담소가 지원해 줄 것이고 제자분이 언어장애가 있기 때문에 말을 옮겨줄 분과 같이 갈 수 있다고 했다. 그리고 2022년 2월에 방영된 MBC 시사포커스 IN이라는 프로에 방영된 '장애인 인권 운동가의 두 얼굴'이라는 방송링크도 보내주셨다. 그제야 나는 선생님이 상담을 부탁한 제자의 이름이 고숙희라는 것을 알 수 있었다.

"해마다 제자들 장례식에 갑니다. 제가 숙희에게 얘기했어요. 이제 진짜 장례식에 안 가고 싶다, 니 장례식까지 가고 싶지 않다! 그러니까 제발 상담 좀 받으라고!"

선생님은 나와의 상담이 숙희 씨를 살릴 수 있는 동아줄이라고 믿고 계셨다. 선생님의 말씀도 간절했고 숙희 씨의 상황도 무거웠다. 무엇보다 숙희 씨가 상담을 받으러 여러 곳을 갔지만 3번 이상을 간 적이 없다고 했다. 선생님은 자신이 1년을 설득했고, 이제야 겨우 설득이 되어서 상담을 간다는 말씀을 덧붙이셨다.

"선생님만 믿겠습니다. 우리 숙희 잘 부탁드립니다."

다시 한번 믿겠다는 말씀을 하시면서 선생님은 전화를 끊으셨다. 선생님과 통화 후 무거운 책임감이 밀려왔다. 하지만 상담에 대한 걱정보다는 내담자 고숙희 씨를 만나고 싶다는 마음이 더 간절했다. 그분은 지금 어떤 마음으로 살고 계실까. 빨리 만나고 싶었다.

숙희 씨와의
상담을 준비하면서

 숙희 씨의 상담을 준비하면서 선생님이 보내준 방송링크를 열었다. 숙희 씨의 이야기는 2022년 2월 부산 MBC 시사포커스 IN 프로를 통해 '장애인 인권 운동가의 두 얼굴' 그리고 2023년 2월 같은 프로에서 '숙희 씨의 투쟁일기'로 방송이 나갔다.

 2022년 '장애인 인권 운동가의 두 얼굴'에서 숙희 씨가 고소를 하게 된 상황에 대해서 자세히 다루고 있었다. 숙희 씨에게 성폭력을 가한 가해자 A는 발달장애아를 둔 부모이고 또 환경운동가로 부산에서 꾸준히 인권 운동과 환경 운동을 하고 있는, 지역에서 널리 알려진 활동가였다. 성폭력 사건이 발생한 곳은 해마다 4월 장애인 날을 맞이하여 장애인 인권 단체들이 장애인들의 권익향상을 위해 힘을 모으는 420장애인 투쟁 현장에서였다. 성폭력은 2014년부터 꾸준히 있었고, 2019년 420 투쟁 때 숙희 씨가 겪은 상황은 도저히 참을 수 없는 지경에 이르렀다. 숙희 씨는 2021년 용기를 내서 고소를 하게 된다. 그런데 이 부분에 대해 가해자는 자신은 잘못한 것이 없고, 숙희 씨를 정말 딸처럼 여겼고, 그래서 아버지가 딸에게 뽀뽀하듯이 볼에 뽀뽀를 한 것이 다라며 억울해했다. 무엇보다 가해자가 강조한 것은 숙희 씨가 자신에게 먼저 신체 접촉을 요구했다는 거였다. 여기에 대해 숙희 씨도, 목격자도 의견이 달랐다. 숙희 씨는 가해자가 억지로 시켰다고 이야기했고, 또 직접 목격한 부모회의 김향란 부회장은 정말 숙희 씨가 얼굴색까지 변할 정도로 싫어하는 기색이 역력했다고 증언했다.

그런데 숙희 씨를 성폭력한 가해자는 한 명뿐이 아니었다. 또 다른 성폭력 가해자 B는 숙희 씨가 8년 동안 일했던 장차연(장애인차별철폐연대)의 대표였고, 가해자 B 역시 오랫동안 장애인 인권 운동을 해온 사람으로 지역에서 존경받는 장애인 인권 활동가였다. 이 방송에서 가해자 B는 언론 인터뷰 자체를 거부해서 사건에 대한 가해자 B의 이야기는 들을 수 없었다. 영상에서 보는 숙희 씨는 무척이나 앳된 얼굴이었다. 깔끔하게 커트를 한 머리 스타일이 숙희 씨에게 무척 어울린다는 느낌과 귀에 있는 여러 개의 피어싱이 눈에 들어왔다. 숙희 씨는 언어장애가 있기에 자신의 의사를 표현하는 것이 다른 사람보다 힘들지만, 자신의 생각에 대해서 정말 분명하게 이야기를 하려는 점에서 그 절박함이 전해졌다.

숙희 씨가 이 사건을 공론화하고 방송이 나간 이후 전국 단위의 대책위원회가 꾸려지고 그렇게 숙희 씨의 재판이 진행되고 있다는 것이 2022년 MBC 시사포커스 IN의 내용이었다. 그리고 2023년, 그로부터 1년이 지났고, 숙희 씨의 상황은 어떻게 달라졌을까. 1년이 지났지만 숙희 씨의 일상에서 뚜렷하게 변한 것이 없었다. 고소를 하면서 자신이 일하던 장차연에서 나오게 되었고, 2023년 1월부터 운동을 시작하게 되었고, 운동을 하면서 힘든 현실을 이겨 나가려고 노력하고 있다고 했다. 무엇보다 2022년과 달라진 것은 2022년 숙희 씨는 자신이 몸담았던 장애인 인권 투쟁 현장으로 돌아가고 싶어 했지만 2023년에는 그 현장으로 돌아가지 못할 거라고 보고 있다는 점이었다. 영상에는 숙희 씨가 지금 현재 복용하고 있는 정신과 약이 나왔다. 우울증, 수면장애, 공황증세, 그리고 자해를 한 흔적…. 2022년에 비해 2023년 숙희 씨의 상황은 더 악화되어 있었고, 지쳐 보였다.

  2022년과 2023년, 그사이 숙희 씨는 어떤 일을 겪어왔을까. 그리고 숙희 씨는 지금 어떤 마음으로 살고 있을까?

2023년 3월 14일, 숙희 씨를 1년 만에 만나다!

    3월 14일 화요일 오후 2시 드디어 숙희 씨를 만나는 날이었다. 1년 만의 만남이었다. 상담사가 너무 긴장한 모습을 보이면 안 되지 않을까? 이런 생각이 들었다가 아니 상담사도 당연히 내담자를 새로 만나면 긴장한다. 내담자도 낯선 상담사를 만나면 긴장하듯이. 먼저 내담자에게 편하게 이런 마음을 표현하면서 상담을 시작하면 되지 않나 하는 생각을 하니 조금 마음이 편해졌다.
    오후 2시가 되자 정확히 벨이 울렸다. 벨소리에 먼저 마루[2]가 요란스럽게 짖기 시작했다.

---

[2] 2017년 4월 20일생. 꼬똥 드 툴레아. 밝고 명랑하고, 사람을 좋아한다. 꼬똥 드 툴레아는 외국에는 치료견으로도 인기가 좋다. 덩치에 비해 짖는 소리가 대형견만큼이나 크다. 그렇기에 내담자들이 벨을 누르면 마루가 짖는 소리에 화들짝 놀란다.

현관문을 열자 전동휠체어에 타고 있는 숙희 씨가 보였다. 방송에서 보는 얼굴보다 더 어려 보였고, 조금은 긴장한 모습으로 올려다보며 웃었다. 숙희 씨가 전동휠체어에서 내려서 상담실로 이동하는 동안 눈치 없이 끝까지 잘 짖는 마루도 숙희 씨를 가만히 쳐다보았다. 아무래도 전동휠체어의 기세에 놀랐나 보다.

"혼자 오셨네요?"

가볍게 숙희 씨에게 물었다. 숙희 씨는 잠시 의아한 표정으로 나를 보더니

"네!"라고 답했다. 숙희 씨가 언어장애가 있어서 숙희 씨가 하는 말을 옮겨줄 사람이 함께 올 지 모른다는 이야기를 들었기에 동행자가 있을 거라는 기대가 깨지는 순간이었다. 상담을 하는데 옆에 누군가가 있다는 게 이상했지만 그만큼 숙희 씨의 언어장애가 심하다는 의미로 받아들였던 터였다.

상담실 안에 들어온 숙희 씨는 핸드폰을 옆에 두고, 자세를 바로

하고 앉았다. 숙희 씨 앞에 생수병을 놓자, 숙희 씨는 조금 난감한 표정으로

"빨대가….."라며 주변을 살폈다.

다행히 챙겨놓은 빨대가 있어서, 생수병 뚜껑을 따고 빨대를 꽂았다. 숙희 씨는 한참 물을 마시고는 길게 한숨을 내쉬었다. 숙희 씨에게 이곳에 오기까지 얼마나 긴 시간이 있었는지 알았기에 숙희 씨가 상담을 받을 준비가 될 때까지 잠시 기다렸다. 숙희 씨는 상담을 받을 준비가 되었음을 알리듯 허리를 세우고 자세를 고쳐 앉았다. 먼저 숙희 씨에게 WPI 검사에 대해 설명했다. 소개해 준 고등학교 때 선생님에게 여러 번 WPI 상담에 대해서 들었고, WPI 프로파일 검사를 해본 적도 있다고 했다. 그래도 그사이 또 프로파일이 변할 수 있으니까 한번 해보자고 하니 숙희 씨는 좋다고 고개를 끄덕였다.

검사 결과 숙희 씨의 WPI 프로파일[3]은 자기평가[4]에서는 로맨과

---

3) WPI(Whang's Personal Identity) 프로파일은 개인의 마음과 성향을 심층적으로 이해하기 위한 심리 평가 도구입니다. 이 프로파일은 한 개인이 스스로에 대해 가지는 믿음과 사회적 맥락에서 중요하게 여기는 삶의 가치와 방식을 모두 포함합니다. 이를 통해 "나는 누구인가?"와 "나는 어떻게 살고 있는가?"라는 질문에 대한 답을 찾을 수 있으며, 개인의 고정된 성격이 아니라 다양한 상황에 따라 변화하는 마음의 패턴을 파악할 수 있도록 설계되었습니다.

WPI는 마음을 분석하는 '마음의 MRI'로 비유되며, 각자의 믿음과 삶의 가치를 객관적으로 드러내는 도구로서 자기 성찰을 통해 마음의 문제를 더 깊이 이해하고 해결하는 데 도움을 줍니다(황상민 저, 《나만의 마음》에서).

4) 개인이 스스로 어떤 사람이라고 믿고 있는지를 반영한다(출처: 황상민 저, 《나만의 마음》).

에이전트가 높았고, 타인평가[5]에서는 트러스트와 매뉴얼 셀프가 모두 자기평가보다 높은 산을 이루고 있었다.

검사일 : 2023.03.14.

고숙희님은 Agent의 성향으로 Trust을(를) 추구하는 생활을 하고 있습니다.

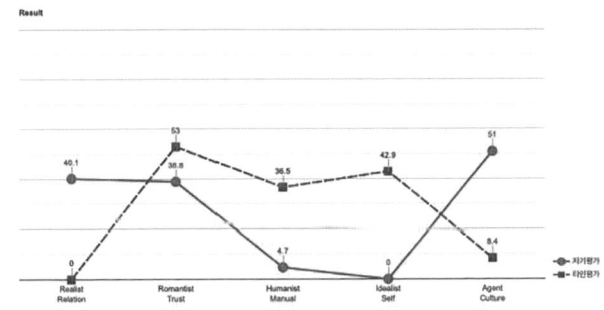

자기평가	Realist	Romantist	Humanist	Idealist	Agent
	40.1	38.8	4.7	0	51.0
타인평가	Relation	Trust	Manual	Self	Culture
	0	53.0	36.5	42.9	8.4

숙희 씨의 프로파일에서 받은 느낌은 외부에서 받는 책임감과 해내야 하는 부담감으로 철벽을 두르고 있다는 느낌이었다.

숙희 씨 프로파일에서 제일 눈에 띈 것은 에이전트였다. 에이전

---

5) 개인이 사회적 맥락에서 중요하게 여기는 삶의 가치와 방식에 대한 믿음을 포함한다 (출처: 황상민 저, 《나만의 마음》).

트는 주어진 과제를 완수하고 자신의 유능함을 인정받으며 성취감을 느끼려는 성향이다. 에이전트 성향의 사람은 과제에 강한 집중력을 발휘하며 철저한 계획 아래 성실하게 임하는 특징이 있다. 동시에 감정적인 소통보다는 자신의 역할과 책임을 우선시하며 예상하지 못한 변화에는 유연하게 대응하기 어려운 경우가 있다. 특히 목표를 설정하고 그것을 달성하기 위해 자기 생활을 주도적으로 재구성하는 것을 중요하게 여기며, 이를 통해 자신의 정체성을 드러내려고 한다.

프로파일 검사 결과에 대한 설명은 바로 하지 않았다. 천천히 이 프로파일이 의미하는 것을 숙희 씨에게 이야기하면 되겠다는 생각이 들었기 때문이었다. 숙희 씨에게 우선은 상담사가 숙희 씨 사건에 대해서 어느 정도 알고 있는지를 먼저 말하는 게 좋겠다는 생각에 시사 IN 프로를 본 것을 중심으로 질문했다.

상담사: 제가 그 영상을 보면서 숙희 씨가 진짜 용기 있다, 생각했거든요. 처음에 좀 이런 일을 세상에 말하는 데 좀 겁이 나지 않으셨어요?

고: 겁은… 났는데….

상담사: (잘 들리지 않아서) 겁은 안 났는데.

고: 아니 겁났어요.

상담사: 아 겁났어요?

고: 내부에서 일어났는데 내부에도 대표도 있을 거잖아요. 뭔가

	이거를 빨리 무마시키려고 하는 거예요. 그러면서 갑자기 짤랐거든요.
상담사:	일자리도 잘렸어요? 내가 고소를 하면 일자리를 잃게 될 거라는 거는 생각하셨어요.
고:	못 했어요.
상담사:	아 못 했어요? 그러면 만약 내가 이거를 말하게 되면 일자리를 잃게 된다는 것을 그때그때 알았다면 어떻게 그래도 내가 고소를 했을까요?
고:	했어요.

 어떠한 불이익이 와도 고소를 했을 거라고 얘기하는 숙희 씨의 표정은 단호했다. 지금은 오로지 재판에만 집중하며 지내고 있다고 한다. 언어장애가 있는 숙희 씨의 이야기를 정확히 이해하지 못할까 봐 숙희 씨가 말을 하면 숙희 씨가 한 이야기를 그대로 되풀이하듯 다시 말을 하면서 숙희 씨가 한 말을 이해하고 있는지를 되물으면서 상담이 진행되었다. 단순히 되묻는 것이 아니라, 숙희 씨의 마음을 읽은 것을 포함해서 다시 질문을 던지는 형식이었다. 숙희 씨의 말은 짧았고, 그 짧은 말이지만 숙희 씨의 마음을 읽은 내 말은 길었다. 그럼 숙희 씨는 표정으로 상담사가 하는 말에 대해 반응을 보였다.
 숙희 씨가 정말 자기의 이야기를 편하게 하기 위해서는 이곳이 편한 장소이고, 또 나라는 상담사에 대한 믿음이 생기는 게 먼저일

거라는 생각이 들었다.

　재판이 시작되고 이제까지 알던 모든 관계가 정리되고, 지금 현재 믿고 있는 관계는 아주 소수라고 했다.

"외로웠어요."

　그리고 아무런 말이 없었다. 장차연에서 일을 할 때 숙희 씨가 어떻게 지냈냐는 질문에 숙희 씨의 대답은 짧았다. 장차연에서 일을 하는 그 과정에서 느낀 외로움인지 그 시간 후 재판을 하는 과정에서 힘든 것인지 알기 어려웠다.

"시사 IN 영상을 보면서 피어싱이 눈에 들어왔거든요. 아 멋에 엄청 신경 쓰는 분이구나 했어요. 피어싱 어디에서 했어요?"

　조금은 뜬금없는 질문에 숙희 씨는 긴장이 풀린 듯 웃으면서 답을 했다.

"이 근처 지하상가."

"패션이라든지 이런 데 관심 많으세요? 영상에서 보고 패션에 관심이 많겠구나, 했거든요. 아 멋쟁이다 생각했는데 그런 이야기 못 들어보셨어요?"

"일 그만두고 나서 좀 들었어요. 좀 많이 들었어요."

　숙희 씨는 늘 긴 머리였는데, 장차연을 그만두면서 머리도 이렇게 자른 거라고 했다. 재판 이야기와 장차연에서의 일을 이야기할 때와 달리 외모에 대해 이야기할 때 숙희 씨는 생기 있어 보였다.

"이분들 숙희 씨 잘못 건드렸어요~ 숙희 씨는 한번 시작한 일은 끝장을 내야 하거든요."

"맞아요! 저를 진짜 만만하게 봤어요."

"숙희 씨 만만한 사람이 아니에요. 한번 시작한 일은 끝을 보는 사람이에요."

1월에 운동을 시작했다는 숙희 씨의 이야기에 운동도 끝장내실 거 아니냐니까 숙희 씨는 미소를 지으며 맞장구를 쳤다. 이렇게 끝장을 낼 거라고 말을 한 이유는 숙희 씨 프로파일에서 보이는 숙희 씨의 특성을 가추[6]를 한 것이었다.

"숙희 씨 작년에는 상담 안 받는다고 했는데 올해는 받기로 결정하셨잖아요. 어떤 마음의 변화가 있으셨어요?"

"상담받을 힘이 생긴 거 같아요."

그러면서 상담에 망설였던 것은 자신이 장애가 있으니까 상담사가 그런 자신에 대해서 편견이 있을까 봐 선뜻 마음이 내키시 않았다고 했다.

"저 편견이 있는 것 같아요? 없는 거 같아요?"

"없는 거 같아요."

---

[6] 가추법(Abductive Reasoning)은 주어진 현상이나 증거로 가장 그럴듯한 설명이나 가설을 도출하는 사고 과정이다. 이는 연역적 추론이나 귀납적 추론과 달리 확실한 결론을 도출하는 것이 아니라 가능한 여러 설명 중 가장 합리적이고 적절한 가설을 선택하는 과정이다. 가추법은 특히 불확실한 상황에서 문제의 원인을 추론하거나 복잡한 문제를 해결하는 데 유용하다.

* WPI 상담에서 가추법의 역할: WPI 심리상담모델은 내담자의 마음과 믿음을 파악하고 그로 인해 발생하는 아픔과 문제를 해결하는 과정에서 가추법을 활용한다. WPI 상담사는 내담자가 제시하는 다양한 단서와 정보를 바탕으로 가장 그럴듯한 설명을 도출하고 이를 통해 내담자의 문제를 해결하기 위한 방향을 설정한다.

1시간이 넘는 첫 번째 상담은 그렇게 끝이 났다. 숙희 씨와는 2주일의 간격으로 상담을 하기로 정하고 다음 상담시간을 잡았다.

그렇게 숙희 씨를 보내고, 내 귀에 남는 숙희 씨의 말이 있었다.

"법에 걸리지만 않으면 가해자들을 없애고 싶어요!!!"

그들을 향한 숙희 씨의 분노가 깊이 전해졌다.

20대가
쏭 하고 날아갔어요

그들의 '피해부정'과 끈질기게 싸우다(수키)

인권 활동가로 첫 활동을 시작했던 2014년, 조직 내에서 성폭력이 일어났고 그 당시 저에게 성폭력을 한 가해자는 실형을 받았습니다. 신입 활동가가 부산장차연(부산장애인차별철폐연대), 420부산공투단(420장애인차별철폐 부산공동투쟁실천단)이라는 조직(장차연: 부산장애인차별철폐연대(부산장차연)는 부산지역에서 장애인 권리 향상과 차별철폐를 목표로 활동하는 단체다. 2014년 4월 20일 부산시청 광장에서 출범식을 열고 공식적으로 활동을 시작했다) 내에서 성폭력 피해를 입었고, 이는 조직문화에서의 성폭력이었지만, 가해자가 징역형을 다 채우고 나오니 "가해자 감옥 갔다 오면 다 된 거다."라고 하고 이후 그 가해자 단체가 420부산공투단에 다시 들어왔습니다. 너무 충격적인 일이었고, 셀 수 없는 2차 가해를 저 혼자 견뎌내야만 했습니다.

2015년부터는 부산장차연 내부 특성상 집행부 실무는 저 혼자 맡았고, 대표 이외의 여성 활동가가 없어서 너무 힘들었습니다. 운영위나 회의에서 제가 의견을 내도 묻히고 대표 위주로 부산장차연이 돌아가는 구조였기 때문에 혼자 실무를 보면서 성평등한 연대체로 이끌어 나가기엔 너무 어려운 구조였습니다.

그 속에서 성폭력 피해가 다시 있었습니다. 하지만 부산장차연과 전장연은 성폭력 피해를 말할 수 없는 곳이었습니다. 그래서 저는 혼자 참고 묻어야만 했습니다. 2019년 420부산공투단 농성장에서 A에 의한 강제추행이 있었고, 당시 420공투단 공동대표, 집행위원장에게 강제추행 사실을 알렸지만 "알겠다." 이 한마디만 하고 그냥 넘어가자는 무언의 압박이 있어 참고 넘어갔습니다. 2019년 말부터 2020년까지 강제추행과 부적절한 발언들이 드러나며 가해자 A는 420공투단에서 탈퇴하게 되었습니다. 하지만 탈퇴의 과정을 조직 내에서는 성폭력이 아니라 대표 간의 권력 다툼으로 보았습니다. 그 속에 피해자인 저에 대한 보호는 존재하지 않았고 차마 진실을 이야기하기엔 수많은 2차 가해를 견딜 수 없을 거 같아, "강제추행은 맞지만, 사건화하기 싫다."고 할 수밖에 없었습니다.

(중략)

부산장차연 실무자였기에 언제 끝날지 몰라도, 성범죄 사건 및 2차 가해자들의 엄중한 처벌 및 반성을 할 수 있도록 전장연이 끝까지 마무리 짓고 이

번 기회에 감수성이 높아지는 단체가 되었으면 좋겠습니다. 몇 년이 걸리더라도 바뀌었으면 좋겠습니다. 저는 8년을 참았으니까 그것의 반 4년, 안에는 전장연이 성 감수성이 높고, 만약 조직 내 성폭력이 일어나면 피해자가 일상회복을 할 수 있도록, 가해자는 장애인 운동판에 다시는 설 자리가 없도록, 그리고 그 누구도 배제되지 않는 진보적 장애인 인권 운동을 하는 그런 단단한 단체가 되길 바랍니다.

두 번째 상담을 앞두고 숙희 씨가 2022년 부산성폭력상담소가 주최한 반성 폭력 토론회에서 발표를 위해 적었던 글을 다시 정리해서 보내왔다. 숙희 씨가 재판을 하는 과정에서 자신이 겪었던 일을 정리한 글이었다. 글은 최대한 자신의 입장을 담담하게 쓰려고 했지만, 이 글을 읽는 동안 마음이 아팠다. 지금 현재 그녀가 느끼고 있을 아픔에 대해 감정을 배제하고 최대한 사실 중심으로 표현하고 있다는 느낌이 들었다. 어떤 상담도 3번 이상을 가지 않았다는 숙희 씨와 세 번째 상담을 할 때, 숙희 씨는 장차연에서 자신이 했던 일에 대한 나의 질문에 대해서

"20대가 쏭 하고 날아갔어요."라는 말을 하며 허무하게 웃었다. 장차연에서 8년은 숙희 씨에게 가장 뜨거웠던 젊은 날이었다. 시설을 나오고 새로 시작하게 되는 일, 자기의 이름 앞에 장애인 인권 운동가라는 정체성이 부여되었고, 고숙희라는 개인보다는 장차연의 고숙희, 장애인 인권 운동가 고숙희로 살아온 시간이었다. 그러나 장차연의 대표였던 가해자 B는 숙희 씨의 장차연에서 8년의 일

에 대해

"네가 한 일은 자원봉사에 지나지 않아!"

라는 말로 숙희 씨의 8년을 깡그리 무너뜨리고 말았다. 숙희 씨는 장차연에서의 8년에 대해 이야기하는 것을 싫어했다. 장차연에서의 8년은 숙희 씨에게 시설에서 나와서 비로소 독립을 하면서 자신의 삶을 만들어 간다고 의미를 부여한 시간이었다. 하지만 장차연에서의 8년이라는 시간은 다른 면에서는 숙희 씨에게 한편으로는 참고 견뎌야 하는 시간이기도 했다. 지속적인 성폭력이 있지만 참아야 했고, 고된 업무에 대해서도 무조건 그 일을 해내야 한다는 책임감으로 버틴 시간이기도 했다.

그런데 그 시간에 대해 숙희 씨가 들은 말은 자원봉사에 지나지 않는다는 숙희 씨가 그동안 해왔던 활동에 대한 폄하의 표현이었다. 자신이 일한 것에 대해 정당한 대우를 받지 못했다는 사실에 숙희 씨는 분노했다. 그러면서 지금은 정말 재판만 신경 쓰겠다는 말을 몇 번이나 강조했다. 재판이 끝난 상황에 대해서는 재판 후에 생각하면 되지 않을까 여기고 있었다. 지금은 오로지 재판만을 신경 써야 한다, 그것만으로도 벅차다고 했다. 재판의 상황에 대해서는 어느 쪽이 딱히 유리하다고 말을 쉽게 할 수 없는 상황이라고 했다. 재판 전에 했던 장애인 인권 운동에 대해서도 지금은 돌이켜보고 싶지도 않고, 앞으로 이 일을 계속할 것인가에 대해서도 생각해 보지 않았다고 했다. 무엇보다 다시는 누군가를 위해 일을 하고 싶은 마음이 없다는 말을 강조했다.

고: 지금은 사실 막막하고, 원래 제가 계획했던 것이 다 무너졌어요.
상담사: 만약 이런 일이 없었다면 숙희 씨가 계획했던 건 어떤 일이었어요?
고: 여성 장애인 인권 운동가를 키우고 싶었어요.

숙희 씨가 인권 운동을 하면서 장애인 인권 운동판에 여성 활동가가 전무하다시피 한 상황이다 보니 성인지감수성도 떨어지고, 이런 성폭력 문제도 일어나지 않았나 하는 생각이 들었다고 한다. 그렇지만 지금은 앞으로 장애인 인권 운동을 한다는 부분은 생각하고 싶지 않다는 말을 강조했다.

성폭력 사건에 대해서는 이미 시사 IN 프로에서도 알 수 있었고, 그때의 상황에 대해서 다시 질문하고 싶지 않았다. 지금 현재 숙희 씨가 어떤 마음이고, 어떻게 지내고 있는지 그것에 대해 알고 싶었다. 무엇보다 숙희 씨의 일상이 규칙적으로 유지되고 있다는 점이 무척이나 긍정적으로 다가왔다. 1주일에 3일은 꼭꼭 운동을 다니고 있다고 했다. 식사는 하루에 한 끼밖에 먹지 않는다고 했다. 이 사건을 고소하는 순간부터 식욕이 사라졌다고 했다. 그래서 하루에 한 끼를 먹는 것도 억지로 정말 살기 위해서 먹는 수준이라 병원에서는 영양이 많이 부족하니 음식을 더 섭취해야 한다고 말을 하지만, 도무지 음식이 들어가지 않는다고. 운동을 가지 않는 날은 재판 진행 상황이나 회의가 있어서 성폭력상담소를 가고 있다고 했다.

잠도 수면제에 의지하지 않고는 잘 수 없다고 했다. 이 사건은 숙희 씨에게 많은 것을 빼앗아 갔다. 일도, 식욕도, 편안한 잠도, 그리고 사람에 대한 경계심이 높아진 것도 이 사건이 주는 여파가 아닐까 했다.

숙희 씨가 복용하는 약들과 재판이 어떻게 진행될지 모르는 상황은 숙희 씨에게 부정적인 영향을 미칠 수 있지만, 이 속에서도 숙희 씨가 가진 자원을 발견하려고 노력했다. 무엇보다 자신에 대한 통제력을 놓지 않고 있다는 점과 어떤 일을 한번 시작하면 꾸준히 해나가는 것도 인상적이었다.

숙희 씨는 장차연에서의 8년도 그냥 뭉뚱그려서 말할 뿐이었다. 하지만 그 시간에 밝은 면도 있고, 어두운 면도 있지만 그 속에서 숙희 씨가 제대로 읽어보지 못했던 마음들이 있을 거라는 생각이 들었다. 하지만 서두를 필요는 없었다. 그 시간들에 대해 그냥 지나가는 말처럼 갑자기 생각난 듯 툭하니 질문을 던졌다. 그럴수록 그냥 열심히 일했다고 말한 그 시간 속에 더 일을 잘하고 싶어서 스스로 배우고 익힌 일들이 많았다. 대단하다는 표현을 하면 숙희 씨는 그게 대단한 일인가 하는 반응을 보였다. 그냥 해야 하는 일이니까 했을 뿐 그것에 대해서 단 한 번도 잘한다는 이야기를 들어본 적이 없다고 했다.

"잘하지는 못하더라도, 남에게 욕은 듣지 말자, 이 마음으로 살았거든요."

더 잘해야지 하는 것이 목표가 아니라, 못하면 안 된다가 일을 할 때의 목표이고 기준이었다고 했다. 그리고 그 정도 했으면 다행이라고 여겼다고 했다. 이 말을 통해 숙희 씨가 자신이 해왔던 일에 대해 제대로 의미를 부여하지 못하고 살아왔음을 알 수 있었다. 그래, 그렇다면 이제부터 하나씩 숙희 씨 스스로 자신이 했던 일에 대해서 의미부여를 할 수 있게 하자, 그러면서 숙희 씨가 자신에 대한 믿음을 새롭게 만들어 갈 수 있지 않을까 하는 생각이 들었다.

제 2 장

이기적으로 살아도 괜찮아요!

힘들다고 말하는 게
제일 힘들어요

 숙희 씨와 처음 만난 3월에서 어느덧 완연한 봄이 느껴지는 5월이 되었다. 상담도 6회차가 되었다. 숙희 씨는 약속한 상담시간에 정말 1분도 안 늦고 도착할 정도로 정확하게 시간에 맞춰서 왔다. 만약 5분 정도 늦을 경우에는 꼭 늦는다고 카톡으로 먼저 연락을 보냈다. 상담실에 도착하면 숙희 씨가 물을 마시는 시간을 잠시 기다렸다. 그리고 숙희 씨가 자세를 바르게 하며 상담을 시작할 준비가 되었다는 신호를 보내면, 가벼운 일상적인 대화를 시작으로 상담을 시작했다.

 "2주 동안 어떻게 지내셨어요?"

 "2주 동안 고등학교, 중학교 성적증명서를 떼러 다녔어요. 사회복지사 자격증도 떼고 서류 떼는 데만 3일이 걸렸어요."

보통 중학교·고등학교와 달리 특수학교는 이런 서류를 떼러 직접 가야 했기에 며칠을 서류 떼는 데 시간을 써야만 했다. 사실 이 서류도 가해자 측이 숙희 씨에게 인지적 문제가 있을 수 있다고 주장하는 바람에 가해자 측 주장이 사실이 아님을 증명하기 위해서 재판에 제출하기 위해 떼러 간 것이란다.

그 서류를 떼러 다니고 있을 때 숙희 씨의 마음은 어떤 마음이었을까. 숙희 씨의 마음에 빙의해서 가추하고 싶었다. 이제까지 8년을 함께 일을 해왔고, 무엇보다 장차연 내에서 실무를 다 맡고 있었는데 생뚱맞게 인지장애가 있다고 하니까, 그 서류를 직접 떼러 다니는데 속에서 천불이 날 거 같았다. 이렇게 숙희 씨에게 인지장애가 있다고 주장하는 가해자 측의 믿음이 보이는 듯했다. 그들은 숙희 씨가 주체적으로 고소를 한 것이 아니라 누군가가 숙희 씨에게 재판을 하게 만들었다고 믿고 있는 것 같았다. 재판이 진행되는 과정에서 숙희 씨는 자신에 대한 가해자 측의 주장을 들으면서, 자신이 다른 사람에게 보이고 싶었던 모습에 대한 믿음이 하나씩 깨지고 있었다. 숙희 씨가 주체적으로 고소를 할 수 없는 사람이라는 가해자 측의 믿음과 그 믿음을 증명하기 위해 숙희 씨가 인지장애가 있다는 주장까지. 그들의 주장처럼 숙희 씨가 인지장애가 있었다면 장차연 내 모든 실무활동과 420투쟁까지 어떻게 다 맡아서 할 수 있었다는 건지, 도무지 말이 안 되는 주장을 하는 그들의 마음을 숙희 씨는 도무지 모르겠다고 했다.

거기다 재판은 예상보다 길어지고 있었다. 처음에는 1년이면 끝나고, 다시 예전의 일상으로 돌아갈 거라고 믿었는데, 재판은 3년째로 접어들고 있었고, 아직도 공판 중이라 가해자 A에 대한 1심 재판이 언제 열릴지 알 수 없는 상황이었다. 숙희 씨가 오로지 재판에만 묶여 있는 사이, 가해자는 자신들의 일상을 똑같이 유지하고 있었고, 심지어 경력을 더 쌓아가고 있었다. 왜 가해자는 저렇게 멀쩡하게 잘 지내는데 피해자만 이렇게 고생을 해야 할까 하는 생각이 들면 참을 수 없는 분노감에 숨이 막혀오고, 끝없는 막막함에 한없이 불안이 밀려온다고 했다.

"어떤 감정이 나를 가장 힘들게 하는 거 같으세요?"

우선은 숙희 씨의 억눌린 감정을 표현하게 하고 싶었다.

"분노죠."

숙희 씨는 그렇게 분노가 올라올 때면 특히 머리가 아파와서 두통약을 달고 산다고 했다.

"공황[7]도 자주 찾아와요."

---

[7] 공황장애(panic disorder): 공황장애는 특별한 이유 없이 예상치 못하게 나타나는 극단적인 불안 증상, 즉 공황발작(panic attack)이 주요한 특징인 질환이다. 공황발작은 극도의 공포심이 느껴지면서 심장이 터지도록 빨리 뛰거나 가슴이 답답하고 숨이 차며 땀이 나는 등 신체증상이 동반된 죽음에 이를 것 같은 극도의 불안 증상을 말한다. … 정신분석 이론이나 인지행동 이론 같은 심리사회적 요인과 더불어 최근의 연구는 생물학적 요인이 공황장애의 주요한 원인임을 밝히고 있다. 뇌 기능과 구조의 문제들이 보고 되고 있는데, 대표적인 것으로는 노르에피네프린(norepinephrine), 세로토닌(serotonin), 가바(GABA, γ-aminobutyric acid) 등 신경 전달물질 시스템의 이상, 측두엽, 전전두엽 등의 뇌 구조의 이상 등이다. 공황장애 환자의 경우 많은 수가 증상 발생 전 스트레스 상황을 경험하는 것으로 알려져 있다(출처: 서울대학교병원 N의학정보).

공황은 밤에 숙희 씨가 혼자 있을 시간에 갑자기 예고도 없이 찾아온다고 했다. 그렇게 공황증상을 느끼면 숙희 씨는 일어나서 방충망까지 열고 창문 밖으로 얼굴을 내민단다. 숨이 쉬어지지 않고, 가슴이 답답해지고 그 증상을 없애기 위해서 방 안에서 왔다 갔다 하는 행동을 2시간이 넘도록 해야 겨우 그 증상이 완화된다고 했다.

"7월에 가해자 A의 재판에 피해자로 증언하러 나가기로 했어요."

가해자가 계속 재판의 논점을 흩트리는 거 같아서 온라인으로 증언을 할 수 있지만 직접 재판에 나가겠다는 결심을 했다고 한다. 그렇게 결심하고 나니, 가해자와 직접 대면해야 한다는 부담감이 밀려왔고, 가해자에 대한 분노, 불안 그리고 공포가 숙희 씨를 옥죄는 듯해 너무 힘들다고 했다.

"이렇게 힘들다는 이야기 누구한테 하세요?"

이 질문에 숙희 씨는 고개를 저었다.

"재판이 3년이나 이어지고 있잖아요. 그러니까 괜찮다고 생각하는 거 같아요. 저 사람은 이겨냈구나 그렇게 생각하는 거 같아요."

성폭력 피해자들이 함께하는 자리에 가서도 다른 사람의 이야기를 듣기만 했단다.

"제가 어디 가면 피해자들을 많이 알게 되잖아요. 그러면 저한테 연락이 와요. 그러면 제가 그냥 듣고만 있는 거예요. 막상 제 이야기는 안 하거든요. 어젯밤에도 그렇게 전화통화를 했어요. 그렇게 전화를 끊고 나면 나도 힘든데…. 그런데 그 이야기를 못 하고 듣고만 있어요."

"숙희 씨도 힘든데 이 사람들도 숙희 씨에게 의지하고 있다고 생각하니까 힘들다는 말을 못 하는 거네요."

"네."

숙희 씨의 마음은 복잡했다. 자신의 재판을 도와주고 있는 성폭력상담소에 고마움을 느끼면서도 고숙희라는 사람은 사라지고, 재판만이 중심이 된 듯한 기분이 들 때가 많다고 했다.

"제가 힘들지 않다고 여기나 봐요. 물어보지 않거든요."

그렇지만 힘들다는 얘기를 자신이 먼저 하고 싶지 않은 게 숙희 씨의 마음이었다. 지금의 상황만 봐도 얼마나 힘든지 알 수 있을 텐데, 주변 사람들은 마치 괜찮다고 여기는 것처럼 느껴질 때마다 서운함이 밀려왔다. 하지만 그 서운함마저도 마음속에 꾹꾹 담아 둘 뿐이었다.

"그러니까 나는 지금 이겨낸 게 아니고 억지로 억지로 버티고 있는데 그 누구한테도 내가 지금 너무 힘들다는 말을 못 하겠네요."

"네, 다들 이겨냈다고 믿으니까, 힘들다는 말을 못 하겠는 거예요. 또 그분들이 저를 위해 노력해 주시는 걸 아니까."

"숙희 씨가 힘들다는 걸 표현하면 좋은데 못 하실 거 같으세요?"

"저는 끝까지 못 할 거 같아요."

숙희 씨가 그 말을 하고는 고개를 숙였다. 자신에 대한 다른 사람의 기대를 깨고 싶어 하지 않아 하는 숙희 씨의 마음을 읽을 수 있었다. 그렇지만 괜찮은 척하고 있고 아직은 힘들다는 것을 그 사람들이 알아주기를 바라는 마음이 함께하고 있었다.

"숙희 씨를 위해 지금 일해주시는 분들, 그렇게 숙희 씨 재판을 위해서 총력을 다하고 있는 분들을 숙희 씨가 안심시켜야 한다는 마음도 있으신 거 같아요. 그분들이 수고해 주는 만큼 내 생활을 잘해나가고 있다는 걸 보여주고 싶지만 그러면서도 그분들이 지금 숙희 씨가 정말 힘들다는 거, 그걸 한 번이라도 더 물어보면 좋겠는데. 시간이 갈수록 나는 더 단단한 모습을 보여야 될 거 같고 다른 성폭력 피해자분들에게도 모범이 되어야 된다는 것도 부담스러울 거 같아요. 이런 상황에서 가해자는 말도 안 되는 문제 제기를 하고 있구요."

숙희 씨의 복잡한 마음을 대신 읽어주자 숙희 씨는 눈을 반짝이면서 힘이 들어간 목소리로 말했다.

"네, 맞아요!"

숙희 씨는 자신을 누르고 있는 이 감정들이 갑자기 폭발해 버리지 않을까 두렵다고 했다. 한편으로는 이렇게 시간이 지났는데 왜 여전히 힘들지? 왜 전혀 괜찮아지지 않는 거지? 그렇다면 언제까지 이렇게 힘들어야 하는 걸까? 이런 생각들에 한없이 막막해지고, 그 막막함에 주저앉고 싶어질 때도 많다고 했다.

"숙희 씨, 3년이 지나도 힘들고 10년이 지나도 힘든 건 힘든 거예요. 힘들 때는 매일매일 힘들다고 해도 돼요."

"그렇게 하면 안 될 거 같아요."

"숙희 씨, 그럼 저한테만 하세요. 저한테는 하실 수 있을까요?"

숙희 씨가 고개를 끄덕였다.

"숙희 씨 지금 충분히 잘하고 계시구요. 지금은요, 그냥 자신만 생각해도 돼요. 이기적이어도 돼요. 이기적으로 사셔도 괜찮아요! 지금 내가 제일 힘든데 왜 다른 사람 입장을 생각해요?"

숙희 씨가 가만히 나를 쳐다보았다. 나는 그래도 된다는 듯이 고개를 끄덕였다. 숙희 씨도 답을 하듯 고개를 끄덕였다.

상담을 끝내고 엘리베이터를 타는 숙희 씨의 표정이 상담실에 들어올 때보다 밝아져서 조금은 마음이 놓였다.

이날 상담이 끝나고 숙희 씨가 상담후기를 보내왔다. 엘리베이터 문이 닫히자마자 참았던 눈물이 흐르기 시작했다고 한다. 눈물은 집에 가는 지하철 안에서도 계속되었다고 한다. 지하철 안 사람들의 시선들을 느끼면서도 한참을 울고 나자, 그동안 정말 참고 있었다는 걸 느낄 수 있었다. 그 울음 뒤에 처음으로 오랜만에 시원함이 찾아왔다.

"이제야 제가 진짜 상담을 시작하는구나, 이제 내 얘기를 진짜 할 수 있겠구나 하는 생각이 들었어요."

숙희 씨의 6월,
설렘과 아픔 사이

6월은 숙희 씨가 보내온 사진처럼 활기차게 시작되었다. 1월에 운동을 시작하면서 자신만의 버킷리스트 중에 하나였던 바디프로필을 꼭 찍고 싶다는 바람이 있었기에, 주변 사람들에게 이야기를 하지 않고, 직접 바디프로필을 찍어줄 스튜디오를 알아보고, 그렇게 찍은 사진을 보내왔다.

사진 속의 숙희 씨는 건강하고 활기차고, 지금의 힘듦은 그냥 한 번에 빵 하고 날려 보낼 기세가 느껴졌다. 상담실에서 수줍게 웃던 숙희 씨와는 전혀 다른 모습이었다. 정말 여전사 같았다.

"보통 사진사 한 분이 바디프로필을 진행하는데, 제가 사진을 찍을 때는 더 많은 분들이 오셔서 응원해 주셨어요."

현장 분위기는 진지하면서도 숙희 씨를 진정으로 배려하려는 그분들의 마음이 느껴져 오랜만에 들뜬 마음으로 즐기면서 사진촬영을 할 수 있었다고 한다.

"지금 운동하는 곳에서 이 사진을 보고 놀라워했어요. 그래서 그곳에서도 챌린지로 바디프로필을 찍는 걸 해보자고 하시네요."

이 이야기를 하는 숙희 씨의 표정과 사진 속의 숙희 씨를 번갈아 봤다. 성폭력 피해자 고숙희가 아니라, 이 세상 그 어떤 힘든 것도 숙희 씨에게 이야기를 하면 다 해결해 줄 것 같은 느낌이 들었다. 이제까지 상담에서 숙희 씨가 자신의 상황을 어떻게 보고 있는지, 또 꾹꾹 눌러왔던 감정들을 집중적으로 이야기를 했다면 이제 어떤 고숙희 씨로 살고 싶은지, 숙희 씨의 욕망을 이야기해 보고 싶다는 생각이 들었다.

상담에서 내담자의 욕망을 파악하는 것은 무엇보다 중요하다. 자신이 무엇을 하고 싶은지 파악하면, 그것을 어떻게 이룰 수 있는지를 고민하게 되고, 그것이 자신의 삶을 만들어 가는 바탕이 된다. 그 욕망이 바로 자신을 주체적으로 살아가게 하는 원동력이 될 수 있는 것이다. 숙희 씨가 살면서 자신의 진짜 욕망을 드러내고 살았을지 궁금해졌다. 장차연에서 보냈던 8년 동안 숙희 씨가 해왔던 일들은 숙희 씨의 욕망을 반영하고 있는 일이었을지도. 그 일을 했을 때 숙희 씨의 마음을 알고 싶었다.

이날 숙희 씨와의 상담에서의 숙희 씨의 모습은 이제까지 상담 중에서 가장 밝아 보였고, 앞으로도 꾸준히 운동을 하고 싶고 장애인 운동선수라는 이제까지 자신이 해왔던 일과는 다른 일에 도전하고 싶다는 바람도 표현하였다. 그렇게 행복해 보이는 숙희 씨를 보내고 나 역시 마음이 편했다.

아, 이제 숙희 씨가 자신의 새로운 정체성도 그리고 있구나, 이제 곧 상담을 종결해도 되지 않을까, 새롭게 숙희 씨가 그려나갈 미래에 대해서 이런저런 생각을 해보고 있을 때 숙희 씨에게서 카톡이 왔다.

"유진 쌤, 늦은 시간에 연락해서 죄송한데…. 혹시 내일 상담 가능할까요?"

숙희 씨는 상담사연을 보내는 일 외에는 따로 카톡을 보내는 일이 거의 없었다. 그런데 다급하게 상담이 가능하냐는 카톡에 무슨 일이냐고 물었다. 숙희 씨는 아무런 답이 없었다. 그렇게 우선 다음 날 상담시간을 12시로 잡았다.

하루 만에 다시 숙희 씨를 만났다. 하루 사이에 숙희 씨 얼굴이 많이 상해 있었다. 늘 단정했던 커트머리도 헝클어져 있었고, 당장이라도 눈물이 터져버릴 듯한 표정이었다.

"어제 늦은 시간에 카톡 보내서 죄송해요."

밤 9시에 보낸 카톡에 숙희 씨는 죄송하는 말부터 했다.

"아니에요. 무슨 일이 있었는지, 숙희 씨 천천히 이야기해 봐요."

숙희 씨는 길게 한숨을 쉬고 나더니 이야기를 하기 시작했다. 전날 상담 후 기분 좋게 지하철역으로 가고 있는데 부산 성폭력 상담소의 가영 님에게서 전화가 걸려 왔다. 이날 가해자 A의 공판이 있었는데 이날 가해자 측에서 요청한 증인이 자신이 앞에서 했던 증언을 부정했다는 거였다. 그분은 숙희 씨가 장애인 인권 단체 일을 할 때 롤모델로 여겼던 분으로 가해자가 숙희 씨를 성추행하는 것을 직접 목격한 분 중에 한 분이었고, 가해자에게 제발 숙희를 그만 괴롭히라는 말을 할 만큼 지금의 상황에 대해서 잘 알고 있는 분이었다.

"제가 장애인 인권 운동을 하면서 정말 그분을 믿었어요. 그분이 정말 롤모델이었어요. 제가 성추행당하는 것도 직접 보았구요. 그런데 지금은 기억이 나지 않는다고 했대요."

재판이 진행되는 동안 믿었던 사람들의 증언이 바뀌거나 관계가 소원해지는 일이 많아서 이제는 이런 일에 덤덤할 거라고 생각했는데, 재판에 대해 전해 듣는 순간 날카로운 칼에 푹 찔린 듯이 견딜 수 없는 통증이 밀려왔다고 했다.

그렇게 숙희 씨는 한참을 울었다. 숙희 씨가 충분히 울 때까지 기다렸다. 지금 단순히, 아프죠, 힘들죠, 힘내요, 이런 말은 숙희 씨가 이 상황을 받아들이는 데 크게 도움이 될 거 같지 않았다.

"숙희 씨가 지금 아픈 거, 속상한 거 제가 다 기억할게요. 숙희 씨가 잊고 있어도 제가 기억할게요. 그 사람들도 그리고 숙희 씨가 하는 이야기들 모두 말이에요."

숙희 씨가 울음을 멈추고 가만히 나를 보았다. 증언에 나온 그분이 어떤 마음으로 그렇게 증언을 바꿨는지 알 수 없었고, 그건 그렇게 중요하지 않았다. 중요한 것은 지금 현재 숙희 씨가 겪고 있는 아픔이었다. 숙희 씨에게 상담사로서 누구보다 깊게 당신을 이해하는 사람이 여기 있다는 것을 말해주고 싶었다. 세상에서 혼자인 듯한 느낌이 드는 날, 그래도 한 명은 정말 내 마음을 읽어주는구나, 그런 사람이 세상에 있다는 말을 해주고 싶었다.

"보통 때 같으면 술을 마셨을 거예요. 그런데 유진 쌤이 생각났어요."
"잘하셨어요. 정말 잘하셨어요!"

숙희 씨는 돌아보면 지난 8년간 장애인 인권 단체에서 일한 것이 하나의 부속품 역할을 했던 것에 지나지 않았다는 생각이 들었다고 했다. 숙희 씨에 대한 증언을 바꾼 그 증인도 장애인 인권 투쟁을 위해서 함께 노력했던 분이었다.

"그리고 재판정에서 저에 대해서 칭하는데 숙희, 숙희라고 말하면서 어떤 존칭도 쓰지 않았다는 거예요."

심지어 이런 일이 반복되니까, 그동안 함께 투쟁하고 그 결과로 얻어진 것에 대해서 다른 분들이 그 투쟁의 열매를 얻어가고 숙희 씨는 그냥 토사구팽되었다는 마음까지 든단다.

숙희 씨에게 술을 마시지 않고 연락해 준 것에 대해 정말 고맙다고 했다. 힘들 때마다 연락하라고 하니까 숙희 씨는 그러면 상담사가 너무 힘들 거라며 또 상담사를 걱정한다.

증인이 갑자기 증언을 번복하자 판사는 7월 7일 재판에 피해자도 출두하라고 했다고 한다.
언젠가 한번은 법정에 나가서 직접 증언을 해야지라고 생각했는데 막상 나가야 한다는 생각이 드니까 너무 겁이 난다고 했다.
"저도 갈게요. 방청석에 앉아 있을게요!"
숙희 씨는 그제야 안심이 되는 듯 길게 한숨을 쉰다. 이제 얼굴에 살짝 미소가 감돈다. 그리고 크게 고개를 끄덕인다. 이 상황에 대해서 숙희 씨가 이겨낼 수 있다는 것을 의미할 때 보이는 몸짓이었다. 숙희 씨를 보내고 스케줄 표에서 7월 7일에 동그라미를 쳤다. 숙희 씨의 여름이 본격적으로 시작된다는 생각이 들었다.

난 지구라는 별에 버려졌다

오늘은 2023년 6월 25일 일요일 새벽

나는 이 지구별에 존재할 때부터 아무도 없었다.

나는 부산 동래구 어디에 있는 쓰레기통에서 발견이 되었어. 나는 그때부터 혼자였고, 그렇게 억지로라도 살아야 되는 존재일까? 누군가 나를 발견해서 시설에 넣었고, 나는 거기서 어떻게든 잘 보여야 됐고 시설에 있는 관리자 말을 따라야만 내가 살 수 있었지. 그래서 그렇게 했어. 내 나이 10살에 시설에 있는 아이들의 기저귀를 갈고 휠체어를 태우고 그중 한 아이는 내가 직접 항문을 벌려 관장을 했어.

그거는 난 정말 하기 싫었는데, 안 하면 혼나니까, 안 하면 끝도 없는 폭력이 이어지니까.

그러고 나는 중학교, 고등학교 공부를 진짜 열심히 했는데 시설 원장이 나보고 "너는 무슨 장애도 심한데 대학을 가겠냐!" 하고 뺨을 때렸어.
그래서 나는 '내가 원하는 것을 할 수 없구나, 나는 행복하면 안 되는구나.'라는 생각이 들었고, 어떻게든 살아남자 생각이 들었고 '나는 행복하면 안 돼. 행복하면 나한테 너무 관대해지기 때문에, 나 자신에게는 단호해야 돼.' 이런 생각이 들었어.

6월 8일 상담 이후 숙희 씨의 상담은 2주에 한 번씩 하던 것을 1주일에 한 번 보는 걸로 바꾸었다. 지금 숙희 씨의 상황에서 2주간의 상담 간격이 길다는 생각이 들었기 때문이었다. 7월 7일 재판정에서 가해자 A를 직접 대면해야 한다는 부담은 숙희 씨가 그동안 애써 새롭게 만들어 가던 숙희 씨의 마음을 무너뜨리고, 자신의 존재이유를 만들어 가는 과정을 멈추게 할 가능성이 있었다. 나는 최대한 숙희 씨가 그동안 제대로 말하지 못했던 마음을 있는 그대로 표현하게 하려고 했다. 지금껏 누르고만 살았던 숙희 씨의 감정이 이제 조금씩 수면 밖으로 드러나고 있었다. 그렇지만 이 감정을 안전하게 숙희 씨가 감당할 수 있을 정도로 표출될 수 있도록 도와주고 싶었다. 모든 것이 한없이 조심스러웠다. 내담자가 지금 자신의 상황을 읽을 수 있게 도와주지만, 자신의 상황에 대해서 감당하지 못할 정도로 한꺼번에 직면하는 것도 위험했다. 나는 숙희 씨의 상담에서 상담사가 놓치는 부분이 있지 않을까 초집중을 하며 이야기를 들었다.

지금까지 숙희 씨는 상담에서 자신이 버림받았다는 말을 쓰지는 않았다. 하지만 글에서는 이 세상에 태어날 때부터 어딘가에 그냥 던져진 존재로서 지금의 자기 자신에 대해 어떻게 믿고 있는지 알 수 있었다.

상담에서 지금의 재판이 어떻게 해서 시작되었는지, 이제까지 숙희 씨가 공식·비공식적인 장소에서 수없이 이야기를 했던 그 일부터 다시 시작했다. 숙희 씨의 사건이 일어난 정황과 재판기록 과정 등은 기록으로 다 알 수 있었다. 중요한 것은 이 일에 대해서 지금 현재, 숙희 씨가 어떻게 믿고 바라보고 있는지 그것을 통해서 숙희 씨의 마음을 알 수 있을 거 같았다.

숙희 씨가 고소한 사람은 자신을 성폭행한 두 명의 가해자였다. 그러나 다른 장애인분들은 이 사건을 이상하게도 숙희 씨가 장차연이라는 단체를 상대로 소송을 제기한 것처럼 받아들이는 듯했다. 가해자들은 부산에서 오랫동안 장애인 인권 운동을 해왔고, 그만큼 존경을 받고 리더십을 발휘하고 있던 사람이었다. 고소를 하고, 숙희 씨가 도움을 요청할 곳은 없었다. 방송을 통해서 이 사건이 세상에 알려지자, 숙희 씨는 핸드폰을 꺼놓고 지낼 수밖에 없었다. 자신의 피해 사실을 알렸는데, 사람들은 마치 숙희 씨가 장애인 단체에 대해 고소를 하는 것처럼 반응했다.

"조직이 지켜줄 거라고 믿었어요."

왜 그렇게 믿었냐는 질문에 숙희 씨는 의아한 표정으로 나를 보았다. 그것이 당연히 조직이 하는 일이 아니냐고 되물었다. 태어날 때부터 버려져서 무연고 장애인으로 시설 생활을 하다가, 탈시설을 하고 장차연에서 실무 역할을 맡을 때 안전한 울타리가 생긴 기분이었다. 이 울타리 안에서 평생 일하면 되겠구나, 다른 장애인을 위해 일하면서 보람을 느낄 수 있었고, 나보다 타인을 위해 사는 것이 제대로 사는 거라고 믿었다. 무엇보다 장차연은 숙희 씨가 없으면 돌아가지 않는 구조였기에 이곳에서 숙희 씨는 자신의 존재감을 더 느낄 수 있었다.

힘든 일이 있으면 지켜줄 거라고 믿었던 조직은 정말 숙희 씨가 보호해 달라고 요청할 때 숙희 씨를 냉정하게 내쳤다. 열심히 일하고, 힘들어도 참고, 남을 위해서 살아왔는데 왜 이렇게 되어야 하는지 그 상황에 대해서 받아들이기 힘들었다.

"그날 제가 나오던 날, 그 사무실에서 사람들이 모여서 회식을 한다고 왁자지껄했어요. 아무도 떠나는 저에게는 신경을 쓰지 않더라구요."

그날 밤 친구가 집으로 찾아왔고, 술을 마시고 잠이 들었다고 한다. 아침에 일어나서 친구가 너 울더라, 자면서도 울더라고 말을 하기에 베개를 만져보니 베개가 눈물로 축축했다.

그들은 왜 그렇게 잔인했을까. 지금도 숙희 씨는 그 답을 알 수 없다고 했다. 숙희 씨가 장차연에서 일을 그만두게 된 것은 단순히 직장을 그만둔 것이 아니었다. 장애인 단체들이 조직된 곳, 다른 곳으로 숙희 씨가 쉽게 갈 수 없었고, 이제까지 숙희 씨가 있었던 커뮤니티 자체에서 쫓겨나 버린 것과 같았다.

어디로 가야 할지 모른 채 허허벌판에 서 있는 듯했다. 어떻게 살아야 하지? 이 질문이 먼저 떠올랐다. 하지만 답을 알 수 없었다.

"만약에 계속 장차연에 지금처럼 있었으면 어떻게 되었을까요? 숙희 씨의 삶은요? 내가 앞으로 어떻게 살아야 할까 고민을 했을까요?"

그 질문에 숙희 씨는 고개를 저었다.

"그냥 늘 똑같이 일을 했을 거예요."

"네, 대신 안정적이었을 거예요."

"맞아요."

"하지만 지금 숙희 씨가 겪는 이 일이 10년 뒤에, 20년 뒤에 안 생긴다고 보장할 수 있을까요?"

숙희 씨는 말이 없었다. 지금 이 지독한 아픔에 대해 왜 이런 일이 숙희 씨에게 일어났는지 이 일에 대해서 숙희 씨가 어떻게 헤쳐 나가고 있는지, 하나하나 되짚어 보면서 의미를 부여하는 것이 무엇보다 중요하다고 생각했다. 그러는 과정 속에서 숙희 씨 자신에 대한 진정한 믿음이 만들어질 거라고 생각했다.

태어날 때 난 버림받았다. 그리고 성인이 되어서 나는 다시 버림받았다. 지금 숙희 씨가 자신의 삶을 이렇게 믿고 있다면 숙희 씨의 인생만큼 복 없는 인생도 없다는 생각이 들었다.

"소설 속의 주인공도 다 버림받잖아요. 아니면 가출하죠! 그리고 자기를 찾는 여정을 시작해요. 저는 숙희 씨가 자기 삶의 진정한 여정을 지금부터 시작한다고 보거든요. 나라는 사람은 어떤 사람인지, 어떻게 살아가야 하는지, 이제까지는 생각하지 않고 사셨을 거 같아요. 생각하지 않아도 되었으니까요. 이제는 강제로라도 생각해야 되는 상황에 있거든요. 이 여정은 고통스럽지만 충분히 의미가 있지 않을까요? 진짜 고숙희 씨의 삶을 만들어 가는 일."

지금 숙희 씨에게 하는 이 말의 의미를 숙희 씨가 이해하지 못할 거라는 생각을 하면서도 상담 때마다 지나가듯이 가볍게, 혹은 조금은 진지하게 던질 때가 있었다. 숙희 씨가 대답을 하지 않아도 상관없었다. "당신은 어떤 사람인가요?"라는 질문에 쉽게 답할 사람은 없으니까. 하지만 그 질문을 한번 받아보고 생각을 해보는 것만으로도 의미가 있다고 여겼다.

7월 7일 숙희 씨는 증언을 하러 나간다. 성폭력 피해자가 가해자와 같은 공간에 있어야 한다는 공포를 숙희 씨는 이겨내야 한다. 그 두려움만으로도 너무 고통스럽지만 숙희 씨는 절대 피하지 않겠다고 했다. 그 자리에 가면 정말 꼭 하고 싶은 이야기가 있다고! 정말 가해자가 그 이야기를 들었으면 좋겠다고 했다.

7월 7일 재판,
숙희 씨의 증언을 듣다!

2023년 7월 5일 수요일 숙희 씨가 카톡으로 보낸 글

2023년 7월 7일 금요일 오후 2시. 부산지방법원 301호에서 성폭력 가해자 A 씨의 1심 8차 공판이 있다. 그날, 나는 피해자 증인진술을 한다.

400페이지가 넘는 자료를 보고 부산 MBC에 방송되었던 영상을 수없이 돌려가며 공판을 준비하고 있다. 지금 너무 화가 나는 건, 가해자 A 씨 측의 "내가 뇌병변장애와 인지적 장애가 있어 피해자 진술은 신빙성이 없다."는 이 주장이 너무 어이없고 화가 난다.

부산장차연, 420부산공투단에서 A는 공동대표로서 난 집행부 실무자로서 일을 하고 활동을 했다. 나는 집행위원장과 함께 공동대표단, 운영위 회의에서 결정된 모든 일을 그리고 투쟁 활동을 총괄했다. 보도자료도 쓰고 회의록 기록, 농성장 총괄, 집회신고 등등 하나하나 나의 손때가 다 묻어 있다.

그런데 어떻게 '인지적 장애'로 피해자 진술의 신빙성이 없다고 할까? 단, 분명한 것은 인지가 있든 없든 그건 중요한 게 아니다. 나는 A 씨에게 성폭력을 당한 것이 맞고 그 진실은 변하지 않는다. 이쯤에서 난 8년 동안 부산장차연에서 활동했던 것이 뭔가 싶다.

또 다른 가해자인 前) 부산장차연 대표가 1개월 유급휴가를 가는(사실상 사직 종용) 나에게 8년간의 장차연에서의 활동이 '자원봉사 활동'이었다, 라고 했던 말들이 자꾸 떠오르면 회의감과 자괴감이 든다.

나는 아직까지 많이 힘들다. 그나마 운동을 하면서 근근이 버티는 거 같다. 언제까지 버틸 수 있을까 생각이 든다. 그래도 버텨야 된다. 버텨야만 된다…. 근데 끝이 보이지 않아 너무 힘들고 버겁다. 난 언제 성폭력 피해 생존자로 일상회복을 할 수 있을까….

재판을 참관하러 재판정을 가는 일은 처음이었다. 재판 시간은 오후였지만 아침부터 마음이 급했다. 서둘러 준비를 하고 재판이 있는 부산법원으로 향했다. 부산성폭력상담센터에서 분들도 참석하시고, 숙희 씨의 상담을 부탁했던 이동영 선생님도 학교 수업시간을 조율할 수 있었다고 하시면서 일찍 와 계셨다.

가해자 앞에 가림막이 쳐졌다. 직접적으로 가해자를 보는 것이 피해자에게는 큰 공포가 되기에 피해자를 보호하기 위한 조치였다. 상담자에게 배정된 자리는 중앙이라 오른쪽에 있는 가해자의 얼굴이 잘 보였다. 숙희 씨는 자신에게 상처를 준 가해자와 그들의 변호사들과 같은 공간에 있어야 했다.

　숙희 씨가 증언대에 앉고, 그 옆에서는 숙희 씨가 하는 말을 옮겨줄 성폭력상담소 직원분이 동석했다. 검사 측에서의 질문, 그리고 가해자 측 변호사의 질문이 번갈아 이어졌다.

　상대 변호사의 왜 성추행 사건이 있었는데 그때 바로 고발을 하지 않고 그 사건이 2019년에 있었는데 2021년에 고소를 했냐, 이 고소가 정말 숙희 씨의 의지가 맞냐, 위계에 의한 성추행이 맞냐, 그 질문들 하나하나에 숙희 씨는 모두 또박또박 대답했다. 나는 상대측 변호사의 질문들을 하나하나 옮겨 적고 있었다. 가해자 측이 이 사건의 핵심을 무엇으로 보고 있는지, 그리고 가해자가 무엇을 믿고 있는지 알고 싶었다.

　길었던 질문이 끝나고 숙희 씨는 판사님에게 마지막으로 하고 싶은 이야기가 있다고 했다. 판사는 숙희 씨에게 하고 싶은 이야기를 하라고 했다.

　"저는 8년 동안 부산장차연에서 활동하며 제가 아닌 다른 장애인의 삶을 위해 살아왔습니다. 하지만 돌아온 건 성추행과 '자원봉사'라는 말이었습니다. 그렇게 저의 부산장차연 활동이 아무것도 아닌 게 되었고, 일자리(사실상 해고종용)를 잃었습니다.

　존경하는 판사님, 저는 가해자한테 성추행을 당했습니다. 하지만 피고인은 전혀 반성을 안 하고 있습니다. 그러니 엄중한 처벌과 꼭 가해자가 감옥에 갈 원합니다. 그리하여 더 이상 저와 같은 피해가 일어나지 않도록, 저는 제가 괜찮은 일상회복을 하고 싶습니다."

숙희 씨의 마지막 말은 절규처럼 들렸다. 그리고 그 이야기를 하며 숙희 씨는 울었다. 잠시 재판정이 숙연해졌다.

그렇게 숙희 씨로서는 한 번은 넘어야 할 큰 산을 넘고 있었다. 재판이 끝나고 1층 로비에서 숙희 씨를 만났다. 숙희 씨의 표정은 한결 가벼워 보였다. 항상 숙희 씨를 지원해 주는 성폭력상담소의 가영 님과 활동지원사분도 함께 있었다. 가영 님은 바쁜 일정으로 사무실로 가고, 숙희 씨와 이동영 선생님, 나 이렇게 근처의 커피숍으로 갔다. 숙희 씨가 좋아하는 아이스 아메리카노를 마시고 오늘의 일을 정리하고 헤어지자고 했다.

건물마다 턱이 있어서 휠체어가 들어가기에는 마땅치 않았다. 겨우 1층에 그나마 옆에 전동휠체어를 세울 수 있는 카페를 찾아서 들어갔다. 우선은 커피를 시키고 다들 말없이 커피를 한 모금씩 마셨다. 그리고 오늘은 그냥 자유롭게 이런저런 이야기를 나누자는 마음이 들었다. 이런 자리에서라도 시원하게 가해자 욕이라도 해야지 속이 편할 거 같았다.

그렇게 1시간 동안 재판에서 느꼈던 소회들을 이야기했다. 숙희 씨는 가해자 측 변호사가 던진 질문 중에서 이해가 안 되는 것이 참 많았다고 왜 그런 것을 물을까 생각을 하면서 대답을 했다는 말을 전했다. 정말 힘들지만 그래도 여기까지 왔으니까 오늘은 푹 쉬고 다시 달려보자는 이야기를 했다.

숙희 씨도 고개를 끄덕였다. 그 자리에서 끝까지 숙희 씨 옆에 있었던 건 숙희 씨에게 무언으로 말하고 싶었기 때문이었다. 지금 이 과정에서 가장 고통스러운 사람은 숙희 씨지만 그래도 그 곁에 응원하고, 같이 손잡으려고 하는 사람들이 있다고. 그 과정에 동행이 되고 싶었다.

잠시
나만을 위한 시간

재판이 끝나고 숙희 씨는 편도도 붓고 몸살이 심하게 왔다고 한다. 그래도 서울에서 1박 2일 전장연 성평등 교육 및 워크숍 발제자로 참가하는 일정이 잡혀 있어서 서울까지 아픈 몸을 이끌고 갔다고 한다. 이 자리는 숙희 씨의 사건이 있고 난 후, 숙희 씨가 전장연 성평등위에 전장연중앙운영원들은 1년에 한 번 오프라인으로 성평등 교육을 의무적으로 받자고 제의를 했고, 그런 숙희 씨의 의견이 받아들여져서 만들어진 자리였다. 장애인 단체에서 일하는 간부들이 성인지감수성을 가지는 것이 얼마나 중요한가에 대한 교육의 자리이기도 했고, 피해자의 목소리를 생생하게 듣는 시간이기도 했다.

이날 전장연에 소속된 단체 간부들 중 정말 사정이 있는 여섯 명만 빼고 모두 참석했을 만큼 현장은 진지했다고 한다. 원래 숙희 씨는 이 행사를 하고 나서 자신이 더 이상 장애인 인권 일을 하지 않아도 되겠다는 생각이 들었다고 한다. 자신이 할 역할은 여기까지인 거 같다고 숙희 씨는 정리하듯이 말했다. 자신이 해오던 일이 철저히 부정당했다는 믿음이 숙희 씨에게는 여전히 강했고, 그렇지만 일의 마무리는 하고 끝내야 한다고 믿고 있었다. 이번 서울행에서 장애인 인권 운동가로서 자신을 정리를 했다는 마음이 강하게 전해졌다.

"전에는 장차연에 소속된, 장차연에서 일하는 고숙희입니다. 이렇게 나를 소개하는 게 자연스러웠거든요. 그런데 이제는 그냥 고숙희입니다. 아니면 수키입니다. 이렇게 이야기하게 되는 거 같아요."

"장애인 인권 운동가 고숙희라는 말이 이제는 어색하세요?"

"음, 지금 내가 장애인 인권 운동가가 맞나, 그 활동을 지금 안 하고 있는데 그렇게 소개하는 건 아닌 거 같다는 생각이 드는 거죠. 그냥 제 이름 앞에 붙는 말들이 지금은 다 싫은 거 같아요."

장차연에서 권고사직을 당한 것은 단순히 일자리를 잃은 것만의 의미가 아니라는 걸 알고 있었고, 숙희 씨는 그 시간의 의미를 부정당하고, 또 스스로도 부정하고 있었다.

"요즘은 운동하면서 버티는 거 같아요. 아 여름에 서핑도 도전할 거예요."

"진짜요?"

"네, 9월 첫 주에 가는데 한번 해보고 싶어요."

"수영할 수 있어요?"

"아뇨. 물에 빠지면 건져주겠죠. 죽지는 않을 거예요."

그러면서 웃는 숙희 씨를 따라서 같이 웃었다. 숙희 씨는 당분간 운동에만 집중하고 싶다고 했다. 2021년 고소를 하고, 재판을 준비하는 것만으로도 정신없이 지냈던 터라 일을 그만두게 되었지만 자신만의 시간을 보낸다거나, 배우고 싶은 걸 배운다거나 이런 부분은 생각도 못 했다고 한다. 지금 상담을 하면서 새로운 운동에도 도전하는 것이 자기만의 시간을 보내는 것의 시작인 거 같다고 했다.

"웃기지만, 넷플릭스 보는 거 있잖아요. 그렇게 가끔 술 한잔하면서 드라마를 보거든요. 진짜 이 일 있고 나서 드라마 엄청 봤어요. 그러면서 그런 생각이 들더라구요. 그전에는 왜 이런 것도 못 하고 살았지?"

"그러게요, 왜 못 하고 살았어요?"

"음…. 그럴 여유가 전혀 없었어요. 잠잘 시간도 모자랐거든요. 그리고 진짜 몰랐어요. 나를 위한 시간을 어떻게 보내야 하는지."

지금은 일상이 무너지지 않게, 특히 운동에 많은 시간을 쏟고 있다고 했다. 이제까지 장애인이 운동을 한다는 것에 대해 재활의 의미가 강했지만, 숙희 씨에게 재활과 운동의 차이를 묻자, 재활은 수동적으로 다가오고 운동은 주체적으로 다가온다고 했다. 그렇게 운동을 끝낸 다음 근육이 땅기고, 온몸이 여기저기 쑤시는 느낌이 들면, 아 오늘 제대로 운동을 했구나 하는 생각에 뿌듯해진다고 했다.

"운동하셔야 해요. 지금 독한 약을 많이 먹으니까, 운동을 하시는 게 도움이 될 거예요."

당장 정신과 약을 끊지는 못하니까, 운동을 할 때 땀을 더 많이 흘리려고 한다고 했다.

"식욕은 없어요. 억지로 먹어요. 하루 한 끼."

사건 고소를 하면서 그렇게 잘 먹던 밥도 못 먹게 되었고 심지어 몸무게가 18킬로나 빠졌다고 한다. 병원에서는 영양실조에 가깝다고 먹으라고 하는데 정말 억지로 살기 위해서 먹을 뿐, 무엇이 특별히 맛있다는 것이 없다고 한다.

"그래도 아직 고숙희 안 죽었구나 하는 일이 있었어요."

지금 운동하는 센터가 벡스코에서 열리는 세계장애인대회에 부스를 마련하는 데 생각보다 쉽지 않았는데, 숙희 씨가 관계자에게 부탁하자 부스를 마련하는 데 도움을 받은 일이 있었다고 했다. 그 말을 하며 뿌듯해하는 숙희 씨를 볼 때 숙희 씨에게 자신이 예전에 했던 일에 대한 미련과 그러나 사랑하는 사람에게 배신당한 거처럼 그 일을 철저하게 외면하고 싶은 마음도 같이 있다는 걸 느낄 수 있었다.

숙희 씨가 자신의 마음을 가감 없이 털어놓는 데 이만큼의 시간이 걸린 것처럼 이제 숙희 씨가 외면하고 있는 과거 이야기를 하면 어떨까 싶었다. 숙희 씨가 나와의 상담에서 참 잘하는 말이 있었다. "시키니까 했다~" 그 말의 시작을 알고 싶었다.

여름은 아직 기니까 서두를 필요는 없었다.

제3장

숙희 씨 우리
책을 만들까요?!

재판 후의 삶을
이야기하다

　여름이 지나고 가을이 왔다. 처음으로 서핑에 도전하는 등 새로운 경험을 통해 숙희 씨가 자신만의 버킷리스트를 만들어 놓은 것을 실천해 가는 모습이 보기 좋았다. 하지만 그렇게 활발하게 움직이고 있는 것과 반대로 가해자들에 대한 분노와 지금 상황에 대한 억울함이 밀려와서 감당하기 힘들어했다.
　재판을 시작한 지 3년째가 되었으니까, 이제는 이런 상황들에 대해서 조금은 무덤덤해졌다고 생각하고 있었는데, 전혀 무덤덤해진 것이 아니라는 걸 확인할 수 있었다. 어쩌면 직면하기보다는 외면하고 있었는지 모른다는 생각이 들었다. 하지만 숙희 씨가 다시 이 상황에 대해서 돌아보는 과정에서 감정적인 부분으로 단지 위로와 공감을 해주는 것은 당장은 도움이 되겠지만, 근본적인 해결책이 될 수 없다는 걸 알고 있었다. 그렇다면 어떻게 숙희 씨가 지금의 상황을 다시 하나씩 인식하게 할 수 있을까. 그 과정에서 가장 중요한 것은 내담자인 숙희 씨가 받아들이는 속도였다. 숙희 씨 스스로 그것을 바라보고, 그 상황에 대한 믿음이 탐색되어야 하는 것이지, 상담사가 이런 마음이었다, 이런 믿음이었다, 이렇게 직접적으로 말하는 것은 정말 지양해야 하는 태도 중에 하나였다.

"재판이 끝나면 뭘 하실 거예요?"

갑작스러운 이 질문에 숙희 씨는 당황하며 나를 쳐다보았다.

재판은 끝날 것이다. 지금 숙희 씨에게 쏠린 관심은 피해자로서의 고숙희였다. 좋든 나쁘든 재판으로 지금 관심의 중심에 있고, 성폭력상담소에서도 그만큼 숙희 씨에게 신경을 쓰면서 재판과 상담 등 많은 것을 지원해 주고 있었다. 재판이 다 끝나고, 가해자가 처벌되면 숙희 씨는 어떤 마음이 들까? 이 질문에 숙희 씨는 말문이 막힌 듯 나를 쳐다볼 뿐이었다.

어쩜 잔인할 수 있지만 그때의 상황에 대해서 이야기했다. 재판은 끝났고, 돌아갈 직장은 없다. 다시 장애인 인권 운동을 할지도 확실하지 않다. 길었던 재판이 끝났다는 홀가분함, 그토록 숙희 씨를 의심했던 사람들에게 진실을 알려줄 수 있다는 후련함 뒤에 공허감이 들지 않을까?

그때 숙희 씨는 성폭력 피해자가 아니라 성폭력 생존자로서의 삶을 살게 될 것이라고 했다. 그럼 피해자로서의 삶과 생존자로서의 삶은 어떻게 다를까. 그것의 차이에 대해서 다시 질문했다.

"재판이 끝나면 어떨 거 같으세요?"
"숙희 씨가 말씀하시는 괜찮은 일상회복이 무엇인가요?"
"성폭력 생존자가 정체성이 된다는 건 어떤 의미죠."

숙희 씨가 감정에 매몰되어서 피해의식에 사로잡히지 않게 하기 위해, 냉정하게 이 질문들을 했다. 숙희 씨가 이제까지 자신의 삶을 살아가려고 했던 그 힘을 믿었다. 숙희 씨는 걷잡을 수 없었던 감정을 잠시 내려놓고, 이 질문에 대해 고민했다.
"생각하기가 싫어요. 그냥, 지금은 재판이 있으니까…."
반복된 답이었다. 그 반복된 답을 듣더라도 나는 이 질문들을 숙희 씨에게 계속 하고 있었다.
마침 좋은 기회가 찾아왔다. 서울에 있는 여성 장애인 단체 공감에서 숙희 씨가 살아온 삶과 앞으로 숙희 씨가 생각하는 장애인 인권 운동에 대한 발표를 부탁했다는 거였다. 숙희 씨는 발표를 위해 만든 자료를 보내왔다. 상담을 하는 동안 집중적으로 숙희 씨의 과거를 탐색한 적은 없었다. 숙희 씨가 그 시간들을 돌아보고 싶어 하지 않았고, 과거를 탐색할 여유도 없었다. 하지만 이제는 숙희 씨가 살아온 그 시간들을 함께 탐색해 가는 것이 필요하다는 생각이 들었다. 그 이유는 누구보다도 똑똑하고, 저돌적인 장애인 인권 운동가의 모습을 가진 숙희 씨에게서 보이는 수동성 때문이었다.
"왜 그렇게 하신 거 같으세요?"
"그렇게 해야 한다고 믿었어요."

탈시설을 하고, 독립적인 생활공간에서 주체적으로 살아온 숙희 씨지만, 지난 장차연에서의 8년의 생활에 대해서 시키니까 했다, 어쩔 수 없었다는 표현을 많이 하는 것이 의아했다. 숙희 씨가 자신이 살아온 삶에 대해서 어떻게 믿고 있는지, 그 믿음들을 스스로 알아가는 과정이 필요하다는 생각이 들었다. 하지만 과거를 돌아보고 애써 덮어버린 자신의 모습을 다시 직면한다는 건 고통스러운 일이 될 수 있었다. 그렇다면 어떻게 하면 이 과정들을 덜 고통스럽고, 조금은 스스로 의미를 더 부여하면서 할 수 있을까 하는 생각을 하게 되었다. 그때 숙희 씨가 책을 쓰면 어떨까 하는 생각이 들었다. 그리고 숙희 씨가 도움을 요청한다면 기꺼이 도울 용의가 있었다.

"숙희 씨, 책을 쓰는 건 어떻게 생각해요?"

"책요?"

"네. 고숙희라는 사람이 어떻게 살아왔고 또 지금의 일을 어떻게 이겨나가고 있는지를 기록하는 책을 쓰면 좋을 거 같아요."

숙희 씨는 망설이는 표정을 나를 보았다.

"자신이 없으세요?"

"네."

"어떤 점이 자신 없으세요?"

숙희 씨는 자신이 글을 잘 못 쓴다고 이야기했다. 장차연에서 8년간 일을 해오는 동안 보도글을 쓰는 건 숙희 씨가 하는 중요한 일 중 하나였다. 그런 숙희 씨가 글을 못 쓴다고 말하고 있었다.

"뭔가, 글이라는 게 조금 양념도 쳐야 할 거 같고…. 문장도 자신 없고…."

그런 일은 해줄 수 있다고 했다.

"매주 우리가 했던 이야기들, 이렇게 모으면 책이 될 수 있을 거 같아요."

숙희 씨의 글을 통해서 장애인의 삶을 알 수 있을 거 같다고, 그렇게 비장애인에게 장애인의 삶이 어떤 건지 알려주는 것도 숙희 씨의 인권 운동의 한 방향이 될 수 있지 않을까 하는 생각이 들었다. 숙희 씨에게 〈뷰티풀 라이프(Beautiful Life)〉라는 일본드라마 이야기를 한 적이 있었다. 근육이 무력해지는 병에 걸린 여주인공과 그런 여주인공을 사랑하게 되는 남자 헤어디자이너의 이야기였다. 여주인공은 비장애인에서 장애인이 되면서 겪는 세상의 편견을 대변하고 있었고, 남자 주인공은 여성의 직업과 남성의 직업을 구별하는 사회적 편견을 느끼며 살고 있었다. 그 두 사람이 만나서, 또 서로의 입장으로서 세상을 바라보고 알아가는 것이 인상적이었다. 무엇보다 두 사람이 데이트를 할 때 휠체어가 들어가기에는 건물마다 턱이 있어서, 결국에 되돌아 나오는 장면이 기억났다. 숙희 씨와 커피 한잔을 마시려고 해도, 휠체어를 타고 바로 들어가기 힘든 것이 현실이었다. 이 드라마는 방영 당시 장애인에 대한 이해와 공감대를 넓히는 데 기여를 했었다.

숙희 씨의 글도 그런 역할을 할 수 있지 않을까 하는 내 생각을 이야기했더니 숙희 씨는 잠시 고민을 하더니 고개를 끄덕였다. 쉽게 결정을 하지 않지만 한번 결정을 하면 숙희 씨는 뒤로 물러서거나 자신의 결정을 번복하는 일이 없다는 걸 알고 있었다. 이 과정을 통해서 고숙희 씨라는 사람이 현재까지 어떤 삶을 거쳐왔는지, 그런 자신의 삶에 대해 스스로 의미부여를 할 수 있는 시간이 되지 않을까 했다. 그리고 글쓰기를 통한 치유의 힘을 믿는 마음이 있었다.

숙희 씨의 과거!
시설시절

　숙희 씨의 삶은 크게 시설시절과 탈시설로 나누어진다. 숙희 씨와 같은 무연고의 장애인들은 어린 시절부터 시설에 들어가서 생활하게 된다. 일반적으로 당연히 일정한 나이가 되면 그 시설에서 나오는 거라고 생각했기에, 시설 앞에 '탈'을 붙이는 것이 처음에는 의아하게 다가왔다. 하지만 숙희 씨가 탈시설을 했을 때는 장애인들의 탈시설에 대한 의견이 갈리고 있었단다. 몸도 불편한 장애인이 탈시설 해서 살아간다는 건 말이 안 된다고 주장하는 쪽과 장애인도 자립해서 충분히 살아갈 수 있다고 주장하는 쪽의 충돌이 있었다.
　숙희 씨는 시설에서의 삶보다는 탈시설 후 삶을 중심으로 글을 적고 싶다고 했다. 숙희 씨의 삶은 일반인이 상상하는 것과는 다른 삶이었다. 상담자가 내담자의 마음을 더 잘 읽기 위해 그 삶을 듣고 기록하는 입장으로 하나하나 질문을 해나가기 시작했다. 그렇게 먼저 숙희 씨가 자신의 삶에 대한 글을 보내고, 그 글을 바탕으로 숙희 씨에게 질문을 하고 그러면 숙희 씨는 그 대답을 또 자신의 글에 반영하면서 그렇게 글을 쓰기 위한 작업을 시작했다.

나를 발견하다. 그리고 첫 시설에 갇히다

1992년 어느 가을밤 수녀님이 부산 동래구 길거리 쓰레기통 속, 봉투 안에 있는 나를 발견했다. 그리고 동래구 영유아 보육시설에 맡겨졌다. 그때부터 나의 시설 생활. 나의 삶이 시작되었다.

부산 동래구 영유아 보육원에 잠시 있다가 소화영아재활원이라는 장애 영유아 수용시설에 보내졌다. 아마 보육원에 있다가 장애가 발견되어 장애인 수용시설로 보내졌겠지. 솔직히 보육원, 소화영아재활원까지의 시설 생활은 너무 어린 시절이라 잘 기억이 안 난다. 그때까진, 시설이라는 개념도 없었고 그냥 나와 비슷한 수많은 사람들이 똑같은 곳에서 같은 생활을 해야 되는 곳이었다.

두 번째 시설, 감옥 같은 수용 생활 시작

1999년 겨울쯤 몬드(가명)와 함께 '성프란치스꼬의 집'이라는 장애 아동수용시설이라는 곳으로 옮겨졌다. 2000년도 초등학교를 다니다 보니 수용시설이 무언가 잘못된 곳이라는 생각을 했다. 학교를 다니면서 나와 다른 부모와 같이 사는 친구들을 보면서 '나는 왜 부모가 없지?'라는 의문이 들었다. 그리고 제일 화가 나고 이해가 안 되는 건, 몬드(가명)와 내가 시설 종사자로부터 비교를 당한 일이었다. 시설 종사자들에게 몬드는 장애가 심하지만 예쁘다고, 시설 종사자들이 업고 다녔다. 그런데 나는 몬드에 비해 안 예뻤고 말을 안 듣기도 했지만 그냥 나의 주관이 강하다고 그걸 내 성질을 죽인다고 하면서 맨날 혼을 냈다. 진짜 시설 종사자들에게 잡히는 족족 매를 맞았다.

숙희 씨는 첫 번째 시설에서 8살까지 있고, 그리고 그다음 시설에서 22살까지 있었다고 했다. 지금은 인원제한이 있지만 그때는 인원제한이 엄격하지 않았기에 50명이 넘는 아이들이 그곳에 머물렀다고 기억하고 있었다. 학교는 특수학교를 다녀야 했고, 시설에서 밥을 먹고 학교를 가고 다시 그 공간으로 돌아오는 생활의 반복이었다.

"그렇다면 개인공간은 없었겠어요?"

"없어요. 그러니까 상담실보다 조금 더 큰 곳에서 일곱 명이 지냈어요."

"그럼 숙희 씨는 나만의 공간을 갖고 싶다, 이런 생각을 하셨을 거 같아요."

"아뇨. 거의 못 했죠. 그냥 다 이렇게 사는구나 생각했어요. 다른 사람들이 어떻게 사는지 본 적이 없으니까요."

시설 안에 공부를 하는 공간은 따로 있었고 그 공간에 있을 때는 혼자만의 공간을 갖는 거 같은 기분이 들었다고 한다. 하지만 대부분의 일상생활에서는 늘 함께였다. 태어나서부터 그렇게 생활했기에 그것이 이상하다는 생각을 하지 못했다고 한다.

3개월의 시간이 잊혀지다

제일 기억에 남는 매는 초등학교 1학년 겨울 방학 때 팬티만 입은 채 야구빠따로 맞다가 혼절한 일이었다. 그 후 3개월의 기억은 내 인생에서 지워졌다. 그때의 회초리 매들에 대해 지금은 말할 수 있다. 그것들은 폭행의 도구라고. 어떠한 이유로도 겪으면 안 되는 폭행을 당한 거라고.

숙희 씨는 시설에서의 일을 이야기하는 게 즐겁지 않다고 했다. 좋았던 기억은 거의 없고, 눈치를 보고 잘못하면 매를 맞았던 기억이 대부분이었다. 그중에서도 특히 더 악몽 같은 기억이 있는데, 정확히 몇 학년 때였는지 기억이 가물가물하지만 어렴풋이 초등학교 1학년 때인 거 같다고 했다. 지금 생각해 봐도 그때 왜 그렇게 맞아야 했는지는 뚜렷하게 기억이 나지 않는데, 사회복지사가 시키는 일에 대해서 왜 해야 하냐고 질문을 했던 거 같은데, 그 뒤의 기억들이 다 조각조각 나 있다고 했다. 팬티만 입은 채 맞아야 했고, 추운데 밖에 나가서 서 있었다가 기절한 거 같다고 했다. 이때의 일을 "~인 거 같다."라고 말을 하는 건, 정말 예전 일에 대해서 기억력이 좋은 숙희 씨지만 기절을 하고 눈을 떴을 때 병원이었고, 이때 당했던 고통이 너무도 커서 몇 달 동안 말도 하지 못했다고 한다. 마치 기억을 잃어버린 거처럼 이 당시의 몇 달간은 숙희 씨의 삶에서 지워져 버렸다고 한다.

죽지 못해 살려고 일을 했다

12살 때쯤부터 나는 당시 장애가 심하지 않다는 이유로 뇌병변장애가 있지만, 다른 장애인에 비해 지능적으로는 전혀 문제가 없다는 이유로 시설 종사자들이 해야 될 일을 나한테 시켰다. 밥 먹으러 식당을 갈 때마다 같이 생활했던 시설 이용자들을 휠체어에 태우기, 양치시키기, 기저귀 갈기, 샤워시키기, 심지어 관장까지 해야 했다. 그땐 그냥 했다. 그래야만 살 수 있으니까. 그 감옥 같은 수용시설에서 버틸 수 있었던 건, 열심히 공부해서 대학을 가고, 대학을 가면 이 지옥 같은 곳을 벗어나자는 목적으로 꾹꾹 참으면서 시설에서 시키는 일을 하고, 학교에서는 공부를 죽어라 했다.

장애라는 이유만으로 꿈마저 접어야 했다

하지만 대학 가는 그 꿈마저도 그들이 사라지게 했다. 고등학교 3학년 때 부산대, 대구대 갈 정도의 성적이 되어서 서류를 넣어보려고 했지만 시설 원장이 "너 같은 게 무슨 대학이냐." 이러면서 뺨 싸대기를 날렸다. 그때 크게 좌절했다.

중고등학교 시절을 버틸 수 있었던 건 대학을 가면~~이라는 꿈이 있었기 때문이었다. 대학을 가면 첫 번째, 시설을 벗어날 수 있을 것만 같았다. 그래서 대학을 가더라도 타 지역의 대학을 가고 싶었다. 대구대학교나 나사렛대학교 이런 곳으로 가고 싶었다. 그리고 그때 나에게는 유아특수교사라는 꿈이 있었다. 내가 시설에서 비록 안 해도 되는 일을 해야 해서 힘들기도 했지만 계속해서 할 수 있었던 건, 16살 때쯤부터였는데 어쨌든 내가 동생들을 돌봐주면 동생들이 좋아했고 또 고맙다는 말을 내게 해주었다. 그것이 나에게 자그마한 보람이었던 거 같다. 그러면서 더 동생들에게 잘 해주게 되었다. 그러면서 진로를 고민하다가 유아특수교사라는 꿈을 가지게 되었다. 뭔가 내가 유아특수교사를 하면 잘할 수 있겠다는 자신감도 있었다.

그리고 대학을 가면 무엇보다 친구들을 사귀고 싶었다. 나는 부산혜남학교에서 초중고 특수학교를 나왔다. 그 당시 부산혜남학교는 학년마다 1, 2반으로 나누어졌다. 1반은 일반공동교육과정을 할 수 있는 장애 학생들이 모이고 2반은 기본교육(?)과정을 하는 장애 학생들이 모여서 공부한다. 나는 1반에 속해 있었다. 하지만 우리 반은 나만 일반공동교육 할 수 있는 수준이고 다른 친구들은 기본교육과정을 배워야 했다. 그래서 우리 반 담임선생님은 나보다 다른 친구들의 수준에 맞추어 수업을 했다. 중학교 1학년 영어 시간에 선생님이 내 자리를 아예 따로 뒤로 옮기고 나보고 문제집을 풀고 있어라 하고 다른 학생들과 수업을 했다. 그런 수업방식을 본 다른 몇 명의 교과 선생님들도 그 방식을 따라 하곤 했다. 난 그게 너무 충격적이고 상처를 많이 받았다. 선생님이 왜 그렇게 수업을 하는지 이해는 갔다. 하지만 그래도 나는 '나도 배우고 싶은 학생인데, 친구들이랑 같이 공부하고 싶은데.'라는 생각과 수업을 받고 있는 다른 친구들이 부러웠다.

그래서 대학을 가게 되면 친구들과 같이 수업을 받고 같이 과제도 하고 같은 고민과 생각들을 나누면서 지내고 싶은 로망이 있었다. 그리고 비장애인들과 학교생활을 하면 또 어떤 경험을 할까 너무 궁금하기도 하고 나와 같은 비슷한 학습 능력을 가지고 있는 친구들과 공부를 한다는 건 어떤 느낌일지도 궁금했다. 그러나 나의 그런 바람은 시설 원장의 말 한마디에 날아가 버리고 말았다.

대학 진학의 꿈이 이렇게 허무하게 좌절된 것이 안타까워서 숙희 씨에게 질문했었다.

"원장 선생님이 대학을 보내는 걸 반대하면 갈 수 없는 거예요?"

"네."

"다른 방법을 찾아보셨어요?"

"아뇨. 안 된다고 하니까, 안 되는구나 했어요."

숙희 씨의 말을 듣고 잠시 침묵했었다. 안 된다는 말에 왜 안 되냐고 묻지도 않았고, 따지지도 않았고, 바로 체념을 해버렸을 19살의 숙희 씨가 떠올랐다. 대학의 꿈이 좌절되고 숙희 씨는 대학을 못 가는 대신 시설을 나가겠다는 목표를 세웠다고 한다. 그렇게 시설에서 추천한 곳에 일을 하러 가면서 숙희 씨의 20살이 시작되었다.

탈시설!
자립을 꿈꾸다

 고등학교 졸업 후 숙희 씨의 삶은 학교와 시설을 오가는 삶에서 조금은 공간이 확장되었다고 한다. 숙희 씨는 무연고 장애인이었고, 여기서 무연고라는 사실에 내가 그렇게 집중하지 않았음을 알게 되었다. 특수학교를 다니던 시절에도 부모가 있는 장애인과 숙희 씨처럼 부모가 없는 장애인들은 또 차별받아야 했다. 장애인 부모 중에서 시설에서 온 장애인 아이들에 대해 좋게 보지 않는 분도 있었기 때문이었다.
 2023년은 숙희 씨가 시설에서 나온 지 10년이 되는 해이고, 만약에 이렇게 고소를 하고 재판을 하는 일이 없었다면 탈시설 10주년 행사를 크게 하고 싶었단다. 이제까지 자신이 살아온 날들에 대한 사진과 그리고 이날을 기념하는 책도 내고 싶었다고. 하지만

2021년 성폭력 사건을 공론화하면서 탈시설의 의미를 되새기고 있을 여유조차 없었다.

"일정한 나이가 되면 시설에서 다 나와야 되는 건가요? 아니면 또 다른 시설을 선택할 수가 있는 건가요?"

"요즘은 거의 나가게 하는데 원래는 성인시설로 보내지거든요."

"그럼 원래는 아까 고등학교 거의 3학년쯤 될 때까지 시설에 있다가 이제 20살이 되면 또 다른 성인시설로 가고 어떻게 보면 좀 가혹하게 시설에서만 살다가 끝나게 되는 거 같거든요. 그런데 시설이라는 게 숙희 씨의 경험을 보니까 그렇게 안락하고 편하고 인권을 위하고 이렇지는 않은 것 같아요."

"지금은 많이 좋아졌어요."

"그러면 이렇게 많이 좋아진 계기가 있었나요?"

숙희 씨가 시설에서 나오던 시기에 숙희 씨처럼 시설에 있는 장애인들을 탈시설 해야 한다는 장애인 단체의 주장이 있었고, 그렇게 시설 측과 장애인 단체 측의 대립이 극에 달했다고 했다.

상담사: 그러니까 시설 같은 경우에는 장애인들이 시설에서 나가서 살 수가 없다. 그러니까 계속 시설에 있어야 된다. 그러면 그 당시 시설에 있었던 장애인분들은 불만이 많았겠네요.

숙희 씨: 아뇨.

상담사: 불만이 없었어요?

놀라서 숙희 씨에게 되물었다.

숙희 씨: 모르니까요.

상담사: 그러니까 여기를 벗어나서 어떻게 살아야 되는지에 대한 그 삶에 대한 생각도 없으셨겠네요.

숙희 씨: 저도 그랬는데, 시설이 다인 줄 알았어요.

상담사: 그러니까 여기를 벗어나면 숙희 씨도 못 살 줄 알았는데 근데 숙희 씨는 그러면 어떻게 해서 내가 탈시설 해야지라고 생각을 하신 거예요?

숙희 씨: 그러니까 고등학교 때 장애인 단체 쪽에서 시설에 교육을 오는 거예요. 그게 법적으로 의무화가 된 거죠. 그래서 거기서 알게 됐어요.

상담사: 그럼 이제 그동안은 숙희 씨도 시설에만 있어서 몰랐는데 숙희 씨가 시설 밖을 알게 된 계기가 고등학교 때 있었던 거네요. 그러면서 그래도 이렇게 용기를 내기는 쉽지 않았을 것 같아요. 그때는 뭐 그 탈시설에 대한 어떤 여건이라든지 이런 게 뭐 좋거나 그러지도 않았을 것 같아요.

숙희 씨: 저는 그때 교육강사를 제가 피했거든요. 일부러. 왜냐하면 교육강사와 이야기를 하면 시설에 있는 사회복지사에게 혼나요. 왜 혼나냐면 시설 쪽에서는 우리가 걔네들에 의해서 나가고 그럴까 봐.

상담사: 숙희 씨가 이제 시설에 있었고 그러니까 시설 쪽에 있는 분들

	은, 사실 시설을 운영하시는 분들은 보통 다 비장애인들 아니신가요?
숙희 씨:	100프로 비장애인이죠.
상담사:	그럼 이분들은 자기들이 어쨌든 간에 이곳에 장애인 분들이 있어야지, 자기들은 계속 돈을 받고 그걸 이제 유지할 수 있는 거니까. 그러면 시설에 있는 분들은 장애인들의 진정한 자립이라든지 뭐 이런 데 별로 관심 없겠네요.
숙희 씨:	관심이 없죠!

숙희 씨의 목소리는 단호했다.

첫 사회생활, 하지만 몸과 마음은
시설에 여전히 갇혀 있었다

고등학교, 전공과를 졸업하고 행정복지 일자리로 취업을 하게 되었다. 첫 직책이다. 어느 특수학교의 도서관 사서 교사라는 직책을 맡았다. 딱 그 도서관이 신설로 생기자마자 내가 맡게 된 것이다. 그래서 그런지 처음부터 내가 다 알아서 도서관 관리나 시스템이나 혼자 그냥 해보고 일을 익혀야 됐다. 물론 나의 상사 직원이 있었지만, 그분은 초등부 담임을 맡고 있었기 때문에 웬만하면 혼자 일 처리를 하는 게 편했고 할 수 있으니까 그냥 했다.

일탈, 그리고 탈시설을 생각하다

2013년 그해 5월쯤 직장 동료들과 회식을 하게 되었다. 그 회식을 하기 위해서는 적어도 1주일 전에 시설 허락을 맡아만 됐다. 허락을 맡아도 술은 당연히 안 되고 밤 10시까지 무조건 시설로 복귀해야 했다.

아마도 이때부터 탈시설에 대해서 생각을 한 것 같다. 아무리 장애아동수용시설이지만 22살이고 돈도 벌고 있는데, 왜 외출도 하나하나 다 보고하고 감시를 받아야 되는지 모르겠다는 생각이 든 것이다. 그렇게 계속 의문을 갖던 중 나로서는 큰 일탈을 저지르게 된다. 퇴근을 하고 시설에 이야기를 안 한 채 회식을 했다. 술도 마셨다. 그리고 밤 12시 넘어 시설로 복귀했다. 아니나 다를까 내 담당방 시설 종사자가 퇴근도 안 하고 기다리고 있었다. '아. 나는 이제 죽었다.'라고 생각했다. 뭐 그땐 내가 어쨌든, 시설 규칙을 어겼으니 각오하고 있었다. 그때 마침 학교 방학이 시작되어 출근을 안 해도 될 때였다. 그날 이후 한 달 동안 독방에 갇혔다.

"꺼내 주세요." 나를 위한 말을 처음으로 했다

그런데 이게 이해가 되면서도 열받았다. 그때부터 시설 밖으로 나와 자립, 즉 탈시설 해야겠다고 생각이 들어 혼자 독방에 갇혀 있으면서 온갖 방법을 다 생각했다. 마침 나에게는 핸드폰이 있었고, 그걸 이용해야겠다는 생각이 들었다. 그래서 한밤중에 몰래 폰을 켜서 유일하게 알고 있는 A 장애인자립생활센터 소장에게 문자로 연락했다. "소장님 여기서 꺼내주세요."

라고. 그리고 바로 "알겠다."는 답이 왔는데 그것마저 시설 종사자에게 들 켰다. 근데 뜻밖의 반응이었다. 시설 종사자는 나에게 "그냥 나가라."고 했 다. 아마 내가 너무 문제를 일으켜서 차라리 내보내는 게 낫겠다고 생각한 거 같다. 그렇게 한 달 만에 탈시설 준비과정을 가졌다. 내가 탈시설을 한 다고 했을 당시에는 아직까지 탈시설 용어 자체도 생소했었고, 탈시설을 한 사람도 내 기억으로는 내 앞에 한 명밖에 없어 딱히 탈시설 준비과정 매 뉴얼도 없었다. 그냥 가져가야 할 옷, 물건과 짐을 정리해서 박스에 챙겼 다. 시설에서는 시설퇴소 신청 절차를 밟았을 것이다. 나는 매일 달력에 엑 스를 그리면서 탈시설 날만 기다렸다. 그리고 2013년 11월 11일 탈시설을 하게 되었다.

탈시설 이후 먹었던 제일 맛있었던 한 끼

2013년 11월 11일 드디어 탈시설을 하고 완전하게 혼자서 독립을 하기 전 단계 과정인 자립지원주택이라는 곳으로 갔다. 그곳은 독립 전 장애인자 립생활센터에서 지원해 주는 집에서 혼자 어떻게 살아가야 되는지도 배우 고 독립자금도 모을 수 있는 시기를 보낼 수 있는 그런 곳이었다. 그 자립 주택은 내가 갑자기 나오게 되는 바람에 장애인자립생활센터에서 급하게 만든 곳이라서 그런지, 내가 첫 번째로 들어가게 되었다. 자립주택에 온 첫 날, 저녁에 혼자 밥을 먹게 되었다. 보통 시설에 있으면 오후 5시에 저녁을 먹어야 된다. 근데 이제 그러지 않아도 된다. 그래서 그날은 저녁 8시쯤 미 리 해둔 갓 지은 밥을 차가운 네모난 식판이 아닌, TV에서 보던 원형 밥그

릇에 밥을 푸고 김치와 조미된 김을 꺼내 먹었다. 밥, 김치, 김 이렇게 간단하게 먹었는데 얼마나 맛있는지. 이 한 끼는 22살까지의 삶에서 가장 맛있는 한 끼로 기억에 남아 있다. 지금도 이 한 끼만큼 맛있는 밥이 없었다고 할 만큼 앞으로도 최고의 한 끼일 것이다. 내가 원하는 시간에, 내가 선택한 반찬, 내가 정한 양으로 밥을 먹을 수 있다는 것이 얼마나 대단한 일인지, 2013년 11월 11일 8시쯤 저녁 한 끼는 나한테 아주 맛있고 소중한 한 끼였다.

숙희 씨가 이 글을 보내왔을 때 나는 숙희 씨의 글에서 갓 지은 흰쌀밥과 그 앞에 놓여 있는 김치와 김이 보이는 듯했다. 흰쌀밥 위 단지 김 하나뿐인 식사인데, 숙희 씨는 그 식사가 가장 맛있는 식사로 기억된다고 했다. 왜 그 음식이 가장 맛있는 식사로 기억되냐는 질문에 숙희 씨는 이렇게 답했다.

"내가 먹고 싶은 시간에, 내가 먹고 싶은 음식을 먹었잖아요. 나만의 공간에서! 지금도 그 맛이 잊혀지지 않아요."

장차연을 나오고
그 뒤

    탈시설을 하고, 사서로 일하다가 장차연에 들어가게 되고 그렇게 장차연에서 숙희 씨는 장애인 인권 운동가 고숙희가 된다. 그럼 숙희 씨의 글은 당연히 장차연에서 숙희 씨의 삶, 그리고 장애인 인권 운동을 하면서 느꼈던 보람과 힘듦을 이야기하는 것이 순서상 맞을 것이다. 하지만 시설에서 탈시설까지 숙희 씨와의 글작업은 무척이나 빠르고 신나게 진행되었다. 이렇게 진행이 되면 숙희 씨의 책도 금방 완성될 수 있을 듯했다. 하지만 장차연에서의 8년 앞에서 숙희 씨는 멈춰 섰다. 그 시간의 문을 열고 안으로 들어가기를 거부하고 있었다.
    8년간 숙희 씨의 활동 중에서 보람 있었던 일들은 다 지워지고 이제 그 시간은 숙희 씨에게 조직에 버림받았다는 믿음으로 인한 분노와 배신감만 남은 시간으로 기억되고 있었다. 장차연에서의 8년은 단순히 시간상의 8년 이상의 의미를 지니고 있었다. 시설의 힘든 생활과 그 후 탈시설을 했던 자랑스러운 기억 뒤에 장차연에서의 8년은 존재 자체를 부정당한 시간으로 숙희 씨에게 각인되고 있었다. 마치 너무도 사랑했던 연인에게 배신당한 듯이 말이다.

숙희 씨에게 몇 번이나 그 시간을 정리한 글을 보내달라고 했지만 숙희 씨는 정리가 잘 안된다는 말을 되풀이했다.

"지금 그 이야기를 하기 힘드세요?"

숙희 씨가 고개를 끄덕였다.

"그럼 장차연을 나오고 난 다음 이야기를 먼저 해요. 장차연에서의 시간은 숙희 씨가 말하고 싶을 때 그때 하면 좋을 거 같아요."

숙희 씨도 그게 좋을 거 같다고 했다. 그리고 숙희 씨는 장차연을 나오게 된 뒤 페이스북에 자신의 심정을 담은 글들을 보내왔다. 그 글들에는 애써 담담한 척 노력하지만 언제든 소리를 질러버리고 싶은 숙희 씨의 모습이 있었다. 하지만 숙희 씨는 그 누구에게도 그 감정을 표출하지 못한 채 또 참았을 것이다.

숙희 씨가 보내준 글은 장차연을 그만둔 2021년 8월 31일부터의 자신의 마음을 담고 있었다.

2021년 8월 31일 - 장차연을 그만둔 날

안녕하세요. 부산장차연과 420부산공투단 집행부를 맡고 있는 숙희입니다^^

제가 장애인 인권 운동을 시작한 계기는 2014년 당시 저는 장애 3급으로 활동지원을 못 받고 있을 때, 4월 13일 저녁에 라면을 혼자 끓여 먹으려다가 화상을 입었고, 같은 시기 송국현 동지도 장애 3급으로 활동지원을 못 받고 있을 때, 같은 날 집에 혼자 있다 불이나 화상을 심하게 입었고, 2014년 4월 17일 새벽에 사망하셨습니다.
우린 부산국민연금공단 앞에서 '장애인 화재사고 방조한 국민연금공단 규탄 기자회견'에 저는 화재사고 피해자로 발언을 하면서 본격적으로 장애인 인권 운동을 시작하게 되었네요.
그리고 3대 적폐 폐지 부산공동행동 선전전 팀장으로 활동하다, 2017년 8월부터 부산장차연과 420부산공투단 집행부 실무를 맡았네요! 선전전은 5년, 420부산공투단을 하면서 농성장 총괄로는 2번, 1017 빈곤 철폐의 날, 용산참사, 세월호참사, 그리고 윤웅태 동지, 정현성 동지, 임상철 동지 추모제, 탈시설 운동, 활동지원 24시간 보장, 그 외 연대활동 투쟁과 중앙 투쟁 등 많은 투쟁을 했네요.

제가 연락하면 동지들이 언제나 같이 연대하고 투쟁을 함께할 수 있었음에 너무 고맙습니다^^

이렇게 긴 글을 쓰게 된 건, 제가 내부 개인사정으로 잠시 활동을 쉬게 되었습니다. 갑자기 알려드려 미안해요 진짜ㅜㅜㅎㅎ
한 달이 될 지 몇 달이 될 지 모르지만 지금보다 조금은 괜찮은 제가 되면 다시 돌아올게요! 꼭^^

동지들 그동안 너무 고마웠습니다. 그럼 저는 이만 안녕^^

From. 가끔은 까칠하지만 조금이라도 잘해주고 싶었던 숙희가

숙희 씨가 처음 장애인 인권 운동에 발을 들여놓게 된 계기가 된 사건이 이 글에 담겨 있었다. 이 사건이 일어났을 때 숙희 씨는 장애인 3급이었는데, 그 당시에 활동지원사의 지원을 받으려면 2급 이상은 되어야 했다고 한다. 숙희 씨는 이때 크게 다친 것은 아니고 라면을 끓여 먹다가 화상을 입었고, 숙희 씨의 글에 있는 송국현 동지는 크게 화상을 입은 상황이었다고 했다. 이 글을 쓸 당시인 2021년에는 숙희 씨의 장애등급이 변했는데, 장애등급은 재활의학과에 가서 받고, 다시 등급을 받을 때는 뇌병변장애와 언어장애가 합쳐져서 지금은 장애등급이 1급이고, 1급은 활동지원사의 지원을 받을 수 있다고 했다. 장애인등급제에 대해 잘 이해가 되지 않아서 숙희 씨에게 질문을 했었다. 그 질문에 대해 숙희 씨의 답변은 냉소적이었다.

"장애인이 고기도 아닌데, 등급을 매겨요. 1급, 2급, 3급. 웃기죠."

비장애인에게도 1급, 2급, 3급을 붙이면 어떻게 될까? 난리가 나겠지. 숙희 씨의 반응처럼 장애인등급제를 만든 사람의 마음은 무엇이었을까.

그렇게 시작된 장애인 인권 운동을 숙희 씨는 참 맹렬하게 해나갔다. 용산참사, 세월호참사같이 사회적으로 약자들과 연대하면서

함께 인권 운동을 펼쳐나갔다. 위의 글을 쓰던 당시 숙희 씨는 장차연 활동과 관련된 단톡방만 해도 수십 개가 넘을 만큼 활발하게 활동하고 있었다. 그 단톡방에 또 이렇게 친절하게 글을 다 남겼다고 한다. 그리고 이 글을 남긴 2021년에는 이 재판이 1년이면 끝나고, 그럼 다시 단톡방에 돌아와서 글을 남길 수 있을 거라고 믿고 있었다.

2021년 11월 16일

제가 웬만하면 이 글을 안 올리길 바랐지만, 와전된 소문과 지금 제가 하는 행동이 과하다는 말들이 많아 글을 남깁니다.
적어도 이 글을 보신 분은 제발 더 이상 확인되지 않은 사실에 대하여 소문을 내거나, 말하지 마시길 바랍니다!!

2014년 4월부터 탈시설 당사자로서 또한, 2017년 8월부터는 부산장차연 집행부로서 탈시설 운동 및 장애인 인권 활동, 투쟁판에 연도 수로 8년 동안 활동을 했다. 정말 그 누구보다 간절하게 치열하게 투쟁했다!

어쩌다 보니 부산장차연 마지막?! 출근을 앞둔 전날-당시 부산에 있는 장차연 대표이자 가해자 B는 나에게 "그동안 수고했고, 부산장차연 활동은 니가 자원봉사 한 거다."라는 식으로 말했다-너무 충격적인 말이었다.

난 그다음 날 마지막 출퇴근을 하고 밤새 울었다. 자면서도 울어 그다음 날 베개가 흠뻑 젖어 있었다. 그렇기에 2021년 8월 31일 밤은 너무 슬프고 힘든 밤이고, 잊을 수 없는 밤이다.

결코 난 그날 일과 내가 겪은 많은 일들과 고통을 받은 것에 대해 그들은 다 뉘우치지 않을 거지만, 할 수 있는 한 최대한 그 대가를 치르게 할 것이다.

Ps. 저를 지지하고 응원해 주는 분들 너무 고마워요^^

2021년 8월 장차연을 그만두기 전날, 숙희 씨는 충격적인 말을 들어야 했다. 장차연 대표로 있는 가해자 B에게 이제까지 숙희 씨가 한 일은 자원봉사에 지나지 않는다!는 말을 들었다. 숙희 씨는 그 말을 듣는 순간 날카로운 칼에 찔리는 듯한 고통을 느꼈다고 한다. 그리고 그날 숙희 씨는 친구와 같이 술을 마시며 참 많이 울었다.

숙희 씨가 장차연의 대표로 있던 가해자 B를 고소하자, 장차연 내부도 난리가 났다. 숙희 씨는 자신이 이런 일을 겪었으니까 이제까지 동지였던 같은 장애인들이 숙희 편을 들어줄 거라는 너무도 낙관적인 생각을 하고 있었다. 하지만 현실은 숙희 씨를 내부고발자, 아니면 다른 의도를 가지고 장차연을 와해하려고 하는 사람으로 몰면서 1차 가해보다 심한 2차 가해가 시작되었다.

그해 8월부터 11월까지 숙희 씨는 성폭력상담소를 가야 하는 일 외에는 집에만 있었다. 전화는 되도록 받으려고 하지 않았고, 그렇지만 생각보다 숙희 씨가 몸담았던 곳의 분위기가 심상찮아서 숙희 씨는 이사를 가야 하나 하는 고민도 했었다. 경찰에 신변보호를 요청해도 한계가 있었다. 성폭력 피해자의 경우 스마트워치를 차게 되는데, 위기 상황에 버튼을 누르면 경찰에게 연락이 가서 도움을 받을 수 있지만, 성폭력 피해자가 스마트워치가 있다는 것만으로 신변의 안전이 보호된다는 느낌을 받기에는 부족했다.

"이때 살이 훅 빠진 거 같아요. 먹을 수도 없었고, 약을 먹어도 잠이 오지 않았어요. 특히 사람을 만나는 게 무서웠어요. 다 저의 적인 거 같았어요. 정말 열심히 드라마만 보면서 버틴 거 같아요."

2021년 최악의 망언

"니가 여태까지 한 부산장차연, 420부산공투단 활동은 자원봉사 한 거다."

어쩌면 잠시 사라지는 것도 답일 듯—적당한 거리두기—그럼 안녕!

2022년 2월 16일

2021년 작년 8월까진_모든 장애인생존권에 투쟁했다_이제 나를 위해 투쟁할 때인 거 같다_"싸울 때마다 투명해진다." 이 문장이 생각나는 밤이다.

#티라미수케익#친구가#급#사옴#이제#나를위해#싸울때마다투명해진다

2022년 2월 24일

작년 8월 일 그만?! 두고 나서 부산장차연 짐들이 갈 데가 없어 잠시 우리 집 뒤 베란다에 보관하는 게 지금까지 있었네_이제 진짜 다른 곳으로 내일 보낸다_;; 윽…. 기분이 너무 이상하다.

2014년부터 장애등급제, 부양의무제, 장애수용시설 3대 적폐 폐지 선전전 담당자로서 장차연 활동을 시작했고, 2018년부터 어쩌다 보니 부산장차연 집행부를 맡았다. 내 20대를 부산장차연에 다 쏟아부었다. 이제 진짜 안녕이다.

#나의#20대의#투쟁현장#정말#치열했지만#생동감이있는#현장#보람있고#뿌듯하고#행복했다#부산장애인차별철폐연대#진짜#굿바이#앞으로도#장앤차별철폐를위한#투쟁하길#바라고#언제나#응원할게요!!

2022년 2월은 무척이나 긴박하게 돌아갔던 시간이었다. 성폭력 사건으로 피해자를 고소했지만 사건은 숙희 씨가 생각하는 것보다 빨리 진행되지 않았다. 그리고 부산장차연과 전장연, 숙희 씨가 믿고 의지했던 조직의 사람들은 숙희 씨를 배신자로 낙인을 찍는 분위기였다. 이 사건을 공론화해야겠다고 결심하고, 방송이 나가기도 전에 숙희 씨는 한 통의 전화를 받았다. 서울성폭력상담소에 있었던 분인데 숙희 씨에게 1시간 30분 동안 막말을 쏟아냈고 급기야 한마디로 조직에 똥물을 끼얹었다고 퍼부어댔다. 2차 가해에 대비해서 전화가 오면 무조건 녹음을 하고 있었기에 이 전화도 당연히 녹음되었다. 그렇게 녹음파일을 부산성폭력상담소 소장님에게 보내고, 또 기자님에게 보내고, 그렇게 숙희 씨에게 전화를 했던 분은 그 자리에서 해임이 되었다.

  숙희 씨의 사건을 방송에 내보내는 것도 정말 극비리에 진행하고 있었는데, 어떻게 또 소문이 났는지 방송을 내보내는 것에 대한 항의 전화가 계속 오고 있었다. 정은주 기자님은 숙희 씨에게 예정된 MBC 시사포커스 IN 방송 전에 저녁 MBC 뉴스데스크에 단독보도를 하자고 하였다. 이후 이틀에 걸쳐 연속으로 숙희 씨의 사건이 단독으로 전국보도 뉴스로 방송되었다. 그리고 예정된 날짜에 MBC 시사포커스 IN에 숙희 씨의 사건이 방송되었다.

2022년 3월 1일 방송 이후 혼맥을 하면서 드라마를 보던 날, 숙희 씨가 가졌던 생각들

배는 고픈데 밥은 먹기 싫고:: 무얼 먹을까 하다 어제 활동지원사 이모님이 사다 놓은 붕어빵 에어프라이기에 데워 혼맥_그해 우리는 드라마 몰빵 중_이모가 이것저것 살 좀 찌우라고 맨날 간식 사 오시는데 자꾸 살 빠진다고ㅋㅋ 뭐라 하심_음:: 미안해요:: 이모^^

이래저래 방송 이후_이상한 전화도 있었고 뜻밖에 위로되는 문자도 있었

고:: 아무튼 더 이상 숨지 않으려 한다. 그냥 원래의 내 성격대로 내 방식대로 살아볼까 한다_그 누구도 아닌 나를 위한_그게 아직 뭔지 몰라도

#그해우리는#지금의_우리는#조금은#괜찮아진#날이#오기를#바라본다

사건이 생기고 밥 먹는 일이 고역이 되었다. 재판과 동시에 숙희 씨의 밥맛도 사라지기 시작했다. 지금 무엇을 위해 살고 있냐는 질문에 숙희 씨는 재판에서 승소해서 진실을 밝히고, 가해자들이 제대로 처벌받기 바란다는 이야기를 했다. 그 외에는 생각할 겨를이 없다는 대답이 돌아왔다.

"방송이 나가고 더 난리가 났어요. 전화기를 아예 꺼놓고, 그냥 드라마만 본 거 같아요. 뭔가 잔잔하고, 적당히 생각할 수 있는 이야기들을 좋아하거든요. 그렇게 드라마만 봤어요."

2022년 4월 20일 해마다 – 8년간 바빴던 4월이었는데 처음으로 아무 일 없는 4월을 보내며

매년 투쟁판에 있었는데…. 9년 만에 벗어났다! 여전히 2차, 3차 가해가 난무하지만 날씨가 너무 좋아 오늘은 그냥 봄 날씨를 만끽하고 싶다_오랜만에 그냥 날이 좋아서 그런지 무슨 욕이든 해도 그러려니 하고 넘어가고 싶다. 화는 나지만ㅜㅜㅋㅋ

오랜만에 갔는데도 알아보는 삼순이 고맙^^ 내가 읽어야 하는 자료 위에 앉아 안 비켜주신;; 삼순이니까 봐준다! ㅎㅎ

#스윗패던즈#북카페#냥이#삼순이#함께#아아#봄#날씨#좋다

"정말 쉬고 싶어서 쉬는 것이 아니라 강제로 휴식을 하게 된 상황이잖아요. 이때 정말 내가 뭘 해야 하나, 이런 생각을 하셨을 거 같아요."

"일단 너무 허전한 거예요. 그래서 하루는 노트북에 저장되어 있는 420 자료를 보면서 아 맞아, 내가 작년에 이걸 했었지. 그러면서 시간을 그냥 보냈던 거 같아요…. 내가 보냈던 시간들의 의미는 무엇일까…. 허무했죠."

2022년 4월 27일 —
언론에 사건을 보내자는 결심을 했다

나의 성범죄 피해 사실이 드러난 지도 1년이 지나간다.

그 1년 동안 수많은 일들이 일어났다. 가해자들은 더 나대고 난 셀 수 없는 2차, 3차 피해를 입었다.

또한 부산장차연 마지막?! 출근을 앞둔 전날

부산장차연 전 대표가 "그동안 수고했고, 부산장차연 활동은 니가 자원봉사 한 거다."라는 식으로 말했다. 너무 충격적인 말을 들었고 내가 원하던 2개월 유급휴가는 절대 안 된다고 끝내 사직서를 냈다. 사실상 사직을 종용한 것이다.

이후, 전장연에서 부산장차연 내 발생한 성범죄 사건에 신속하게 대응하길 바랐지만 생각보다 너무 느린 감이 있었고 2차, 3차 피해는 계속 일어났다.

결국 언론화를 하기로 결정했다.
정말 힘든 일이었지만, 이 모든 과정을 해낼 수 있었던 것은 부산장애인부모회와 부산성폭력상담소가 함께했고 어렵고 민감한 주제였을 건데 피해자 입장에서 취재했던 MBC 기자님이 있었기에 가능한 일이었다.

앞으로도 계속 2차, 3차 가해로 상처를 받겠지만 함께하는 분들이 있기에 꼭 끝까지 잘 싸워나갈 것이다.
마지막으로 부산성폭력상담소와 부산장애인부모회 그리고 저를 위해 함께 지지하고 연대해 주는 모든 분들께 고맙습니다^^

2022년 12월 27일

그때 사건들이 날 괴롭히면 아파하기도 하고 울기도 하고 믿는 사람들에게 도움을 요청하기도 했다. 극복하려 노력하지 않고 이렇게 하고 싶은 일, 배우고 싶은 공부 하면서 지낸다. 우리는 소중하고 특별하다.

— 지난주 나를 인터뷰하러 온 분에게 일정이 끝나고 '나, 성폭력 생존자들에게 힘이 되는 말'을 써달라고 부탁해서 받은 글(feat. 부산성폭력상담소에서 하는 힘 갖기 프로젝트)

얼마 남지 않은 2022년 힘들지만 잘 살아남자. 나, 그리고 우리 2023년에도 새해 복 많이 짓고 잘 살아남아요!

2023년 1월 31일

오랜만에 긴 글입니다! ㅎㅎ

2023년 전국성폭상담소협의회 제23차 정기총회에서 나의 사건 공론화로 정은주 기자님이 특별 디딤돌상을 수상하였다.

기자님은 몇 번의 상을 탔지만, 나에겐 이 상이 제일 뭔가 뜻깊고 임팩트가 있는 거 같다. 전성협이 주는 거니까. 아무리 못해도 전국에 있는 성폭력상담소협의회가 '부산장차연 조직 내 성폭력 사건'이라고 인지하고 지지한다는 의미에서 이 상을 준 거 같다.

나의 성폭력 사건이 공론화되고 부산성폭력상담소를 다닌 지도 2년이 다 되어간다. 처음에 진짜 막막했다. 과연 언제 끝날 것인가_어떤 일들이 벌어질까에 대한 끝도 없는 경계와 생각에 잠겨 힘들어하곤 했다. 근데 진짜 답은 없었다. 그래 내가, 나의 조력자인 부산성폭력상담소와 부산장애인부모회가 없는 길을 만들어 냈다. 진짜 대단하다. 그 결과로 대책위가 꾸려졌고 전장연에선 2차 가해 조사 및 징계위가 이어졌고 이어지고 있다.

원가해자들은 경찰조사 및 공판이 진행되고 있다. 그 외에도 수많은 일과 사건들이 이어질 거 같다. 더딘 속도도 너무 갑갑하고 앞으로 몇 년간 답답하겠지만 어쩔 수 없다. 내가, 우리가 더 이상 이와 같은 사건이 또다시 일어나지 않도록 꼭 해내야 될 과정이다.

앞으로 계속 힘들겠지만, 나는 그 누구에게도 꺾이지 않을 것이고 운동도 꾸준히 하며 몸과 마음이 조금씩 단단해질 것이다.

2023년 2월 6일

미루고 미루다 '2차 피해를 심층 분석 하다' 토론회 자료집을 봤다. 나의 발제에 앞서 소개글을 보다가 빵 터졌다! ㅎㅎ
- 2차 피해의 최전선에 있는 전문가입니다.
(아직 그 정도는 아닌데;; 아무튼 이렇게 때론 웃을 수 있는 건, 이제 조금씩 괜찮아지고 있는 과정인 거 같다)

하지만 또 요 근래 황당한 이야기를 들었다. 지금 부산장차연 조직 내 성폭력 사건 2차 가해 징계 절차 과정이 피해자인 내가 배우는 과정이라는 그런 취지로 말을 했단다.

어떻게 그런 말을 할 수 있을까? 난 햇수로 3년을 힘들어하고 일상회복도 못 하고 있는데, 정말 할많하않이다. 정말 대박이다.

2023년 3월 2일

긴 글이지만 끝까지 읽어주시길 부탁해요!!

부산지역 장애여성 성폭력 사건 및 2차 가해에 대한 전국장애인차별철폐연대 사과문을 받기까지 1년 4개월이 걸렸다_눈물난다_진짜 ㅜㅜ

내가 2014년부터 부산장차연에서 활동하였고, 하다 보니 2015년부터 2021년 8월까지 부산장차연 집행부 실무를 맡았다_ 투쟁 현장은 생동감 있고 치열했다.
하지만 내부 사정상 집행부 실무는 1인 사무국이었고, 반민주적인 회의구조와 대표 중심으로 돌아가는 구조로 보면서 너무 힘들고 무력감도 자주 찾아왔다_그리고 너무나도 외로웠다. 그래도 장애인생존권을 위한 투쟁을 하고 있다는 그 자부심 하나로 8년 동안 버틸 수 있었다.

이제는 진짜 내가 하고 싶은 것을 하면서 나를 위한 삶을 살아보려고 한다. 또한 내가 언젠가 다시 현장으로 돌아갈 수도 있고 안 돌아갈 수도 있지만 전장연, 부산장차연 그 모든 지연장차연이 성인지감수성이 높고 성평등한 그런 단단한 진보적 장애인 투쟁을 하는 조직이 되길 바라본다.

2021년 8월부터 2023년 3월까지 숙희 씨가 페이스북에 남긴 글을 숙희 씨와 함께 보며 상담을 진행했다. 숙희 씨가 페이스북에 쓴 글은 같은 내용이 계속 반복되고 있다는 느낌이 들었다. 반복되는 숙희 씨의 글에서 이 당시의 숙희 씨의 마음을 알 수 있었다. 그 글에 담긴 숙희 씨의 마음에 대해 공감하고 위로하는 것이 상담의 핵심이었다. 아직까지는 숙희 씨와의 상담에서 무엇보다 중요하게 생각하는 것이 공감과 위로였다. 숙희 씨가 충분하다고 느낄 때까지 공감과 위로는 필요했다.

"재판 포기하고 싶지 않았어요?"

나의 질문에 숙희 씨가 잠시 침묵하더니 대답했다.

"있었죠. 그런데 그러면 제가 쓰레기가 될 거 같았어요."

잠시 서로 간에 말이 없었다. 2021년에서 2022년, 내가 몰랐던 시기의 숙희 씨에게 난 정말 고생했다고, 하지만 정말 잘 버텨줬다고 말해주고 싶었다.

제4장

2023년 숙희 씨의 겨울: 봄은 올까요?

어느 비 오는 겨울밤

아침에 눈을 뜨면 핸드폰을 확인하는 습관이 있다. 이날도 그렇게 핸드폰을 보는데, 숙희 씨에게 전화가 와 있었다. 전화를 건 시각이 새벽 1시였다. 그 시간에 숙희 씨가 전화를 하는 일이 없기에 걱정이 되어 바로 전화를 했다. 숙희 씨의 다급한 마음과 놀란 내 마음 때문에 숙희 씨의 이야기가 잘 들리지 않았다. 몇 개의 단어가 크게 들렸다. 아는 이름과 자살이라는 단어가 들어왔다. 숙희 씨에게서 듣게 된 이름은 숙희 씨가 운동하는 모습을 올린 인스타를 보고 운동을 시작하게 된 분으로 1주일 전 숙희 씨 탈시설 10주년 행사에서도 얼굴을 뵈었던 분이었다.

다시 1시간 뒤에 카톡이 왔다. 그제야 조금은 상황이 그려지기 시작했다. 미영(가명) 씨가 죽고 싶다는 글을 남긴 것을 숙희 씨가 보게 되었고, 숙희 씨는 다급한 마음에 미영 씨에게 전화를 했다고 한다. 숙희 씨는 그 상황에서 유진 쌤이 생각이 났다고 했다. 그렇게 그분에게 무조건 상담을 받자고 사정사정했단다. 숙희 씨의 간절함이 그분에게 전해졌던 것일까. 미영 씨도 한번 상담을 받아보겠다고 말했다고 했다. 숙희 씨는 그분의 상담을 나에게 부탁하는 것에 대해 미안해했다. 상담사로서 위기에 처한 그분을 상담해 드리고 싶다고 무조건 센터로 같이 오셨으면 한다고 전했다.

저녁에 있던 다른 스케줄을 취소하고 그렇게 숙희 씨가 미영 씨와 함께 오겠다고 한 그 시간까지 초조하게 기다렸다. 12월에 어울리지 않는 비까지 추적추적 내리고 있었다. 그 비를 뚫고 숙희 씨가 미영 씨를 데리고 상담실로 찾아왔다. 숙희 씨도, 미영 씨도 비에 젖어 있었다. 급히 수건을 건넸지만 숙희 씨는 괜찮다고 말하며 미영 씨에게 상담을 잘 받으라는 이야기를 하며 자신은 밖에서 기다리겠다고 했다. 비에 젖은 데다가 겨울 날씨에 감기에 걸리지 않을까 하는 걱정에 안으로 들어오라고 했지만 숙희 씨는 재판 관련 일정으로 전화를 해야 될 데가 있다고 했다.

그렇게 미영 씨와 상담을 시작했다. 숙희 씨와는 또 다른 미영 씨의 아픔을 숙희 씨의 마음을 담아서 들었다. 상담을 하는 동안 미영 씨는 참 많이 울었다. 가족 사이에서 자신이 느끼는 외로움이 미영 씨를 힘들게 하고 있었다. 그렇게 1시간 넘게 이어진 미영 씨의 상담이 끝나고, 조금은 가뿐해진 표정으로 미영 씨가 상담실을 나서자, 숙희 씨가 미리 와서 기다리고 있었다. 미영 씨가 사는 지역이 부산이 아니어서 부산역까지 데려다줄 생각이라고 했다.

  11월, 12월은 숙희 씨도 무척 힘든 상황에 있었다. 가해자 A에 대한 검찰 구형이 어느 정도로 떨어질지 알 수 없었고, 1심 재판 선고일이 다가오지만 숙희 씨에게 유리하다고 단정 내기도 어려운 상황이었다. 매일매일 피가 바짝바짝 마르는 기분에 잠이 더 오지 않는다고 했었다. 그렇게 미영 씨와 함께 엘리베이터를 탈 때 숙희 씨의 모습은 혼자 상담실을 찾아오던 그 모습과는 달라 보였다. 이제 더 이상 누군가를 위해 마음을 쓰고 싶지 않다고 말하던 것과 달리 숙희 씨는 온 힘을 누군가를 위해, 숙희 씨가 할 수 있는 최선을 다하고 있었다.

  지금의 이 모습이 오늘만의 모습이 아니었겠구나. 항상 이렇게 살았겠구나. 이 진심으로 이렇게 최선을 다했는데 조직에서 내쳐지고, 같이 일했던 동지들에게 배척당했다고 생각하니 얼마나 가슴이 쓰라릴 만큼 아팠을까. 1년이 다 되어가는 상담 동안 내가 얼만큼 숙희 씨의 마음을 알아주고, 정말 숙희 씨의 입장에서 보려고 했을까 하는 생각이 밀려왔다.

  그리고 다음 날 원래 예정되어 있던 상담시간에 맞춰 숙희 씨가 상담실로 왔다. 목요일과 금요일, 단지 하루가 지났을 뿐인데 무척이나 긴 시간이 지나간 거 같았다. 잠을 못 자서 더욱 푸석해진 숙희 씨와 눈이 마주쳤다. 뭔가 힘을 합쳐서 큰일을 해냈다는 동지애가 생긴 거 같은 기분이 들었다.

  "어제 진짜 죄송했어요. 그런데 그때 유진 쌤밖에 생각이 안 났어요."

"잘하셨어요. 이제 미영 씨는 좀 괜찮은가요?"

부산역에서 미영 씨를 배웅하고, 집에 잘 도착했다는 카톡을 받았다는 말을 전하며 본격적으로 상담을 시작하려고 하는데 전화벨이 울렸다. 숙희 씨가 전화를 받아도 되냐고 물었다. 뭔가 다급한 전화 같았다.

"네? 네! 진짜요? 진짜요?"

숙희 씨의 목소리가 점점 커졌다. 숙희 씨는 전화를 끊고는 당장 울 듯한 표정으로 말했다.

"유진 쌤, 7년 구형받았대요. 7년이래요!"

"진짜요? 7년요?"

나 역시 목소리가 올라갔다. 검사 측에서 가해자 A에 대해 7년 구형을 선고했다는 거였다. 판결이 난 건 아니지만 이런 사건에서 검사 측에서 내릴 수 있는 최고 구형이었고, 예상을 훨씬 뛰어넘는 형량이었다. 그만큼 숙희 씨의 사건을 검사 측에서 무겁게 봤다는 이야기였다. 숙희 씨는 그 전화를 받고 정말 기뻐했다. 1주일 전부터 정말 타들어 가는 심정으로 제대로 먹지도 잠도 자지 못한 상황이었고, 거기에 미영 씨의 글 때문에 더 놀랐던 1주일이었다.

몇 번이나 7년이다라는 말을 반복하는 숙희 씨를 보면서 검찰 구형만으로도 재판에서 승소한 듯한 기분이 들었다. 하지만 1심까지는 아직 한 달이나 남아 있었다. 이 시간 동안 또 어떤 일들이 벌어질지 알 수 없었다. 무엇보다 이 한 달 동안 숙희 씨가 스스로의 마음을 다잡고 가는 것이 가장 중요하다는 생각이 들었다.

"숙희 씨, 1월 17일까지 숙희 씨가 매일매일 어떤 마음이 드는지 짧게라도 기록해 두면 좋을 거 같아요."

숙희 씨는 고개를 끄덕였다. 시간이 다 지난 다음에도 오늘을 기억할 수 있지만, 매일매일 그 타들어 가는 심정을 기록하면서 이 시간들을 남겨놓으면 좋겠다는 생각이 들었던 거였다.

12월 12일, 숙희 씨의 탈시설 10주년 기념행사가 있었다. 원래는 11월에 행사를 해야 했지만 11월 재판 일정으로 기념행사는 12월에 잡혔다. 이날 숙희 씨가 숙희 씨를 축하해 주는 후원회 분들 앞에서 이제까지 일들을 적은 책을 내겠다고 공식적으로 선포를 했던 것이 기억났다. 그 자리에 계신 분들은 숙희 씨가 그런 결심을 했다는 것만으로 다 축하를 해주었다. 그 책에 지금 숙희 씨의 마음이 담기기를 바랐다. 숙희 씨가 지금 어떤 마음으로 하루하루를 살아왔는지, 결국은 이 시간들을 다 이겨낼 숙희 씨지만, 그 시간이 결코 쉽지 않았다는 걸 말하고 싶었다.

2023년 12월 15일 비가 많이 내리던 날 D-33
(D-day는 가해자 A의 재판이 있는 1월 17일)

가해자의 1심 재판 선고를 기다리며

12월 13일 수요일 밤. 하루 종일 공황장애로 힘들어서 소파에 누워 있었다. 폰을 만지작거리다, 미영 님의 인스타 dm으로 '먼 일 생겨도, 힘들어서 못 버티겠다.'라는 메시지를 보고 그냥 딱 안 좋은, 불길한 느낌이 왔다. 바로 전화를 걸었다. 아니나 다를까 세상을 떠나려고 했다고 한다. 그래서 그냥 나는 "미영 님 일단 내일 저를 보고 죽든 말든 하고 내일 보자." 하고 전화를 끊었다.

지금 내가 무엇을 할 수 있을까 하다 유진 쌤밖에 생각이 안 났다. 12월 14일 새벽 1시 넘어 유진 쌤에게 전화를 했지만 안 받았다. 늦은 시간이라 못 받을 걸 알았지만 너무 불안했다. 다시 미영 님께 전화해서 "한 번이라도 일단 보자."고 진정해 놓고 나는 너무 무서웠다. 그냥 나도 모르게 눈물이 났다. 또 소중한 사람을 떠나보낼까 봐. 그날 새벽 나는 소파에 누워 아침이 될 때까지 폰만 붙잡고 있었다. 새벽 6시쯤 유진 쌤에게 전화를 받고 바로 저녁 7시 상담을 잡았다. 그리고 바로 미영 씨한테 "상담 잡아놨다."고 연락을 했다.

그리고 다행히 그날 오후 4시 미영 님을 만났고 운동이 끝나고 유진 쌤에게 같이 갔다. 상담 가는 길, 비가 정말 많이 왔다. 언덕을 가면 전동휠체어가 밀릴 정도로 비가 계속 왔다. 그 비를 뚫고 나는 미영 님을 유진 쌤께 데려다주고 아파트 현관을 나와 입구 처마 밑에서 개인적인 업무 연락을 하고 나서 멍한 상태로 비를 보고 있었다. 다시 공황이 밀려왔다. 사람을 살리겠다는 생각, 그런데 어제부터 나도 공황이 와서 힘든데 내일은 가해자 A의 최종변론 및 구형을 하는 재판 날이라 결과가 어떻게 나올까 하는 걱정에 눈이 빨개졌고, 누가 툭 건들면 눈물이 쏟아질 듯한 얼굴로 미영 님의 상담이 끝나길 기다렸다. 그렇게 미영 님을 다시 부산역까지 데려다주고 집으로 왔다.

12월 14일 밤, 그렇게 다시 뜬눈으로 밤을 보내고 아침을 맞이했다. 오전에 할 일들을 하고 유진 쌤에게 상담을 가는 길이었다. 내가 제일 기다렸던 가영 님의 전화가 왔다. 1년 365일 진동모드인 핸드폰의 진동을 느끼고, 수신자가 가영 님이라는 걸 확인하고 바로 받았다. 가영 님의 "지금 가해자 A 재판 끝났는데 검사가 7년 구형했다."는 말을 듣고는 몇 번이나 맞냐고 확인하면서, 아직 검사 구형이지만 재판을 진행해 오는 동안 느꼈던 서러움, 분노, 좌절 등 여러 감정들이 한꺼번에 몰려오는 것 같았다. 상담 중에 성폭력상담소 소장님, 기자님 등 많은 분의 전화가 왔고 유진 쌤이 그 전화를 받아도 된다고 해서 폰이 울릴 때마다 전화를 받았다. "너무 구형이 잘 나왔다. 걔는 끝까지 거짓말한다. 숙희 네가 잘 버텼다. 고생했다."고 이런 전화, 문자를 받으니 너무 좋았다.

이 이야기를 듣기 위해, 내가 하는 말이 진짜라는 걸 증명하기 위해 성폭력 사건이 일어난 2019년으로부터 4년이라는 시간이 걸렸다. 정말 힘든 시간이었다. 셀 수 없는 2차 가해로 인해 수많은 인간들에게 상처를 받으면서 관계 정리를 하고 정말 내가 믿고 의지했던 친구와도 멀어졌고, 어느 날은 집에 늦게 왔더니 외부에서 누가 침입한 흔적이 집 안에 있어 경찰에 신고를 했었다. 그리고 그 사건은 지금 강력계로 넘어간 상태로 이런 수없이 많은 일들이 나를 얼마나 힘들게 하고 있었는지….

2023년 12월 15일은 정말 내가 하는 증언들이 진짜임을 알 수 있는, 적어도 재판부 검사가 그리고 언론이 증명해 준 거 같은 날이었다.

2023년의
마지막을 보내며

　가해자 A의 1심 판결까지 D-day로 정하고 글을 적어보자던 제의에 숙희 씨는 상담 전 1주일간의 글을 보내는 것으로 답을 해왔다. 그 글에는 숙희 씨의 마음이 오롯이 담겨 있었다.

2023년 12월 20일 D-28

마음만큼 몸도 힘들었던 날

　지난주는 힘든 한 주였다. 결국 지난 주말 동안 몸살이 나서 하루 종일 온수매트와 함께 침대에만 누워 있었다. 나는 잘 안 아프고 잔병치레가 없다. 그런데 이렇게 아팠다는 건 정말 지난 한 주 고생한 결과가 아닌가 한다.

아직도 몸살 기운은 남아 있다. 2024년 1월 17일 오후 2시 가해자 A의 1심 선고가 한 달도 안 남았다.

12월 21일 D-27

2차 가해자의 4차 공판

내일 2차 가해자의 4차 공판이 있다. SNS에 나와 사적으로 나눈 대화 내용을 그것도 재판하고 있는 내용을 나의 실명과 함께 공개적으로 게시물에 게시했다. 너무 많은 내용을, 그다지 알고 싶지 않은 게시물을 몇 차례나 올렸는지….

가해자 C가 공개적으로 게시글을 올린 건 부산지역 장차연 내의 성폭력 사건으로 인한 전장연 성평위 2차 가해 조사과정에 대한 불만이었던 것으로 보인다. 본인이 2차 가해자로 지목이 되었고 조사과정에 불만은 당연히 있을 수 있다. 그런데 그 불만은 공식적으로 전장연 성평등위에 문제 제기를 해야 한다. 무엇보다 전장연 성평등위 2차 가해 조사는 비밀유지가 필수다. 그런데 가해자 C는 그런 비밀유지조항을 어기고 문제 제기를 이유로 나와 나눈 사적인 대화를 공개적으로 게시했다. 가해자 C가 2차 가해를 인정하든 말든 당시 SNS 게시글은 명백한 2차 가해다. 그래서 더 전장연 성평등위가 "일단 지금 SNS 게시글은 명백한 2차 가해이니 내려달라."고 공문도 보내고 몇 번이나 요구했지만 게시글을 내리지 않아서 가해자 C를 명예훼손으로 고소할 수밖에 없었다. 그렇게 약식 기소가 되었다. 나는 그 정도에서 2차 가해 사건을 1차적으로 마무리하면 되는 줄 알았다. 그런데 가해자 C는 약식 기소에 불복을 하고 정식재판을 요구하며 지금 4차 공판을 앞두고 있다. 이렇게까지 할 일인지 모르겠다. 하….

2023년 12월 26일 D-22

어제까지 크리스마스 연휴였다. 연휴 동안 그냥 집에서 보냈다. 찾는 사람도 없고, 만나고 싶은 사람도 없었다.

오늘은 2023년 마지막 정신건강의학과 진료를 받기 위해 지하철을 타고 병원에 갔다. 정신건강의학과 진료를 갈 때마다 늘 불안하다. 내가 가는 정신건강의학과 담당 의사선생님은 부산에서 제일 유명하고 소아 특히 장애인 쪽으로 유명한 의사이시다. 그래서 웬만한 장애인들이 다 여기로 온다. 그러다 보니 가끔 내가 진료하는 날 아는 장애인들과 마주치게 된다. 아직은 그냥 밖에서 옛 지인들을 만나는 것이 두렵고 싫다.

3년 동안 사건을 진행하면서 안 좋은 이미지로 찍혔기 때문에 그 전에 알던 장애인 분들이 나를 만나게 되면 어색해하거나 대놓고 내 욕을 하는 걸 보게 된다. 아직 나는 부산 장애인 인권판을 어질러 놓은 사람이라고 보기 때문이다. 그래서 되도록이면 안 만났으면 하는 마음이 크다. 사건 초기에는 대인기피증이 진짜 심해서 1년 동안은 병원, 성폭력상담소, 그 외 정말 꼭 필수 외출이 아니면 집에만 있었다. 현관을 나서는 순간부터 모든 장소가, 또 사람들이 무서웠고 안전하지 않은 곳으로 내몰리는 느낌이 들었다. 그 뒤 꾸준히 성폭력상담소도 다니고 올해 운동을 시작하고 개금까지 가서 상담을 받으면서 조금씩 나아진 거 같다. 하지만 아직은 사람들이 무섭다. 재희 소장님, 가영 님, 우경 회장님, 유진 쌤 그리고 헬스장 담당 코치에게 마음을 열기까지 정말 오랜 시간이 걸렸다.

어쩌면 내가 이렇게 사람을 경계하게 된 것은 그만큼 믿는 사람들에게 버림받고 배신을 당했다는 증거가 아닐까 한다. 이 일이 있은 뒤 내가 하게 된 결심 중 하나가 앞으로도 누가 뭐라고 해도 불필요한 인간관계는 안 맺을 것이고, 만약 누군가와 관계를 맺게 된다면 나의 속도로 천천히 관계를 만들어 갈 것이다.

2023년 12월 27일 D-21

나에게 살아남았다는 의미는

지인과 이야기를 하다가, '나는 매일 하루를 맞이하면서 오늘만 살아남고 버티자.'라는 마음으로 산다는 말을 했다. 그냥 살아남는 것이 나에게 노동으로 느껴진다. 때론 괜찮은 하루도 있고 좋은 하루도 있지만, 버티니까 어제가 있는 거니까 내일은 없다고 본다. 1시간, 10분, 1분 뒤도 정확히 모르는데 내일을 예측할 수 없다는 생각이 든다.
그러니까 오늘만, 정말 오늘만이라도 버티자!

2023년 12월 31일 D-17

나에게 보내는 편지

To. 2023년 살아내느라 고생한 수키

지금은 2023년 마지막 하루를 보내고 있어. 올 한 해 정말 넌 열심히 살았던 거 같아. 1월부터 경찰서에 가서 조사도 받으면서 나의 고소 건이 2개에서 3개로 늘어났어. 성폭력 가해자 A, 가해자 B, 사건만도 버거운데 가해자 C의 너무 심한 공개적인 2차 가해로 명예훼손으로 고소를 이어갈 수밖에 없는 상황이라 2022년 12월 고소장을 접수하고 2023년 1월 초 부산 동구 경찰서에서 조사를 받았고, 그게 2023년 첫 외출이었지. 지금도 그 사건이 진행 중이야.

2022년도까지 2년 동안은 정말 사건 말고 아무것도 하지 않았고, 못 했다면 그래도 2023년은 어떻게든 버티기 위해 나는 참 나름으로 많은 노력을 했고, 또 그렇게 열심히 살아낸 것 같아. 1월 말부터 전국에 두 곳밖에 없는 장애인 전문 헬스장 중 부산 두실역에 있는 '어댓핏'이라는 헬스장에 가서 pt를 받으면서 운동도 시작했고, 부산 WIP 심리상담코칭센터에 가서 상담도 시작했어. 그렇게 나의 몸과 마음을 돌보기 시작한 거 같애.

이 지구별에 존재하면서 나를 위해 돈을 쓰고 시간을 쓰는 게 처음인 거 같애. 그냥 어릴 때부터 누군가에게 통제를 당하면서 사는 것이 당연하다고 생각했고, 수용시설 생활과 부산장차연 활동, 일을 하면서 그들이 만든 틀에서 살아가게 되었고 그게 다인 줄 알았거든. 그러다 2021년 8월 그들이 나를 쫓아내면서 진짜 홀로 세상을 살아가게 되면서 정말 나에게 집중하는 시기를 맞이하게 된 거 같애.

그렇게 올해 바디프로필도 2번이나 찍고 비 오는 바닷가에서 처음으로 서핑도 하고, 서울까지 가서 크로스핏 대회도 나갔지. 서울, 경기도, 광주 등 전국을 돌아다니면서 성평등 교육도 했어. 그리고 제일 잘한 것은 나를 알기 위해 큰 결심을 하고 상담을 받고 있다는 게, 나에게 큰 변화, 그렇게 나에게 마음을 연 것이 2023년 제일 잘한 거 같애.

아무튼 2023년도 사건과 그로 인해 끊임없는 2차 가해가 지금도 이어지고 있고, 공황이 오면 죽음의 문턱을 오가는 고통을 느끼고 있어. 많은 사람들이 나를 떠나면서 인간관계도 정리가 되었고, 그러면서 운동과 상담을 받으면서 내가 어떻게 하면 나의 몸과 마음을 돌보면서 조금씩 괜찮은 하루를 보내는 방법을 알아가는 한 해가 된 거 같애.

2023년 살아내고 버티느라 고생 많았고, 2024년에는 더 괜찮아진 하루하루를 잘 보내고 버텨보자.

From. 12월 31일 저녁 8시쯤 수키가

숙희 씨의 글에서 매일매일 자신만의 의미를 부여하면서 살아가려는 모습이 보였다. 살아내려고 안간힘을 쓰는 시간에서 조금씩 살고 싶어지고 그리고 조금은 설렘이 찾아오는 하루들이 숙희 씨의 일상으로 채워지는 2024년이 되기를 바라는 마음이 간절했다.

2024년 1월 3일 D-14

2024년 새해를 맞이하며

2024년 00시 00분 나는 냥이들과 함께 새해를 맞이했다. 그냥 왠지 작년보다는 괜찮을 거 같은 느낌이 왔다.

2024년 1월 1일 저녁은 가해자 A의 1심 선고를 앞두고 탄원서를 작성하면서 보냈다. 탄원서를 쓰면서 대체 몇 번이나 더 써야 나의 사건들이 끝날까 하는 생각을 해봤는데, 아직은 3번 이상은 써야 될 수도 있을 거 같다. 2019년 성폭력 사건이 있고 나서 2019년 12월부터 내 사건이 공론화가 되면서 고소와 재판을 하는 과정, 지금까지도 법정공방을 이어나간지도 횟수로 6년째이다. 참 길다 길어….
법정공방으로 간 가해자들은 3명, 1심, 2심, 3심, 민사까지 가게 되면 적어도 3년은 더 걸릴 거 같다. 가해자 측 변호사들이 판사 출신에 부산에서 알아주는 로펌이니 오래 걸릴 수밖에 없는 것은 어떻게 보면 당연한 과정이다. 나에게 힘과 권력이 있다면 이렇게까지 안 걸리겠지. 그런데 뭐 애초부터 나는 권력이나 무엇을 하나 차지하겠다는 생각이 없었기에 딱히 달라질 건 없을 거 같다. 만약 내가 돈이 있고 권력이 있다 해도 나는 지금처럼 상담소와 변호사랑 내 방식대로 법정공방을 하고 있을 거 같다. 내가 성폭력을 당한 건 맞고 나는 진짜만 진실만 이야기하고 있으니까. 진실은 언젠가 알아줄 것이고 밝혀질 거니까. 다만 시간이 오래 걸린다는 것뿐. 아 근데 너무 오래 걸린다. 진짜 하….

2024년이 되었다. 2021년 8월에 본격적으로 시작된 재판은, 2021년, 2022년, 2023년, 그리고 무려 2024년 1월에 가해자 A에 대한 1심 선고가 내려진다. 1심 선고가 내려지면 분명 가해자는 다시 항소를 할 것이고, 그러면 2심까지 또 시간이 걸릴 것이다. 숙희 씨를 만난 것이 2023년 3월이었고, 그때 숙희 씨는 2023년 5월에는 가해자 A에 대한 1심 선고가 나오지 않을까 예상했었다. 그런데 재판은 피해자가 느끼기에 정말 더디게, 한없이 진행되는 것 같았다. 하나의 재판만으로도 힘든데, 무려 3개의 재판이 동시에 진행되고 있다.

이 세 가지 재판 중에서 가장 중요한 재판의 선고가 1월에 있게 되는 거였다. 숙희 씨는 평소 점을 믿거나 사주를 보지 않는데, 올해는 다른 해와 달리 올해는 자신의 띠 운세를 봤단다. 띠풀이에 올해는 그동안의 힘든 일이 사라지고 좋은 일이 생길 거라고 적힌 글을 보고 예전 같으면 대수롭지 않게 넘겼을 텐데 이번에는 그 글을 정말 믿고 싶더란다. 1월 17일 재판 선고까지 숙희 씨를 정말 고통스럽게 했던 이 시간이 고통만이 아닌 진짜 자신을 찾아가는 시간이 될 수 있기를 바라는 마음이 컸다.

1월 5일 상담이 있는 금요일은 2024년이 되어 숙희 씨를 처음 만나는 날이었다. 탄원서 이야기를 하면서 상담을 시작했다.

"탄원서 10장을 금방 쓸 거라고 생각했거든요. 그런데 한 글자 한 글자 쓰는데 쉽지 않았어요. 숙희 씨는 더 힘들었죠?"

숙희 씨가 고개를 끄덕였다.

"숙희 씨가 보내준 글에서 이 부분이 참 좋았어요. '이제 나의 몸과 마음을 돌보기 시작했다.' 이 부분이 2023년에 숙희 씨에게 있었던 가장 큰 변화가 아닐까 하거든요."

"저는 진짜 몰랐어요."

"어떤 거를요?"

"나를 어떻게 돌봐야 하는지 몰랐어요. 아무도 알려주지 않았고 장차연에 있을 때 그렇게 나를 생각하고 산다는 것에 대해서는 옳지 않다고 여겼거든요."

상담에서 숙희 씨는 장차연에서 자신이 했던 활동에 대해 이야기하는 것을 처음에는 좋아하지 않았다. 그 활동들에 대해 별거 아니라는 식으로 이야기를 했지만 듣는 입장에서는 놀라운 이야기들이 많았다. 숙희 씨가 너무도 겸손해서 그 일들에 대해 그렇게 말한 것이 아니라, 정말 누구나 할 수 있는 일이라고 믿고 있었다. 상담을 하면서 그 일들이 갖는 의미들에 대해서 질문을 하고 숙희 씨는 그렇게 믿음이 변해갔다. 정말 진심으로 열정적으로 투쟁하고, 장애인 차별 문제를 해결하려고 노력했었다. 본인의 활동이 어떤 의미를 갖는지를 누가 알아주는 것이 중요한 것이 아니라, 자신이 그 의미를 부여하는 것이 먼저라는 것을 깨닫게 된 것이었다.

가해자 측이 숙희 씨에게 인지장애가 있다고 주장하는 것에 반박하기 위해 졸업한 고등학교에 가서 성적증명서를 떼서 제출했다.

"그 사람들은 몰랐을 거예요. 제 성적이 그 정도일 줄은. 제가 그 학교에서 회장까지 했거든요. 그리고 학점은행제로 대학도 졸업했어요. 좋은 대학은 아니지만 그래도 졸업은 졸업이잖아요. 보니까 사회복지사 자격증도 있더라구요."

"그럼 가해자 측에서 숙희 씨가 인지장애가 있다고 문제를 제기한 것이 도리어 숙희 씨가 유리하게 된 거네요."

"그렇네요. 사회복지사 자격증도 책꽂이에 처박아 둬서 찾는다고 고생했어요."

가해자 측에서는 어떤 믿음으로 숙희 씨가 인지장애가 있다고 주장했던 것일까? 이 질문을 숙희 씨에게 했더니 숙희 씨도 왜 그런 주장을 했는지 그 마음을 모르겠다고 했다. 더군다나 이 재판을 숙희 씨의 의지로 하고 있지 않다고 가해자 측은 믿고 있었다.

"그게 제일 화가 나요. 제 재판인데, 제 의지로 하는 것이 아니라고 믿고 있다는 것이, 저를 도대체 어떻게 보고 있는 걸까요?"

재판이 진행될수록 가해자들이 숙희 씨를 어떤 사람이라고 믿고 있었는지, 또 믿고 싶어 하는지 확인하게 되는 거 같았다.

"그럼 숙희 씨는 장차연에서 일을 하면서 어떤 자리까지 가고 싶다, 그러니까 욕심을 가져본 적이 없으세요? 조금 더 나를 드러내고 싶다는 바람이 있으실 수 있잖아요."

"굳이 드러내지 않아도."

"알아줄 것이다?"

"아뇨. 일을 할 수 있잖아요."

조직 안에서 안정적으로 일을 계속할 수 있다는 것이 무엇보다 중요했었다고 한다.

"그러니까 일을 잘하는 것보다, 일을 하면서 못한다고 욕은 안 들어야겠다고 생각했거든요. 저는 그냥 거기에 있는 게 너무 좋았던 거 같아요."

"구체적으로 어떤 점이 좋았어요?"

"일도 좋았고, 힘든 장애인분들이 저에게 의지하는 것도 그렇고. 다른 장애인들의 삶에 제가 도움이 된다는 게 좋았어요."

"숙희 씨에게 이 일을 그만두라고 했을 때 그럼 어떤 마음이 드셨어요?"

"사회적으로 저를 암매장한 거죠."

장차연에서의 8년은 숙희 씨 스스로 워커홀릭이라고 생각할 만큼 일에 몰두했던 시기였다. 한두 해가 아니라 정말 8년을 그렇게 일했는데, 그 소중한 일을 그만두게 되었을 때는 살아가야 하는 이유가 사라졌다는 생각까지 들었다.

"지금의 저는 어디에도 소속되어 있지 않아요. 보통 장애인들이 다 어떤 단체에 소속되어 있고, 관리를 받는 부분이 있거든요. 저는 이 일이 생기고 그 기관도 나왔으니까, 정말 어디에도 속해 있지 않아요."

"나와보니 어때요?"

"살아지네요."

숙희 씨가 활짝 웃었다. 힘든 시간만큼 숙희 씨가 단단해지는 게 보였다.

2024년 1월 5일 D-12

내 것을 챙긴다는 게 뭘까?

오늘은 WPI 심리상담센터로 상담을 받으러 갔다. 상담을 받으면서 내가 조금은 어떤 사람인지 알게 되었고, 그렇게 계속 알아가고 있는 중이다. 유진 쌤과 이야기를 하면서 나에 대해 알게 된 것 중 하나가 '나는 욕심이 없다.'라는 부분인 거 같다. 솔직히 예전부터 사람들에게 "너는 그냥 아낌없이 다 퍼주는 거 같다. 네 것도 좀 챙겨라."라는 말을 많이 들었다. 근데 아직 그냥 여전히 그 말이 의미하는 내 것의 의미를 정확히 모르겠다.

장차연에서 내가 했던 일들은 당연히 실무인 내가 해야 하는 일이었고, 부산장차연 내부 특성상 실무는 혼자였기 때문에 '내가 하는 일에 칭찬은 바라지도 않았고 욕만 듣지 말자, 트집만 잡히지 말자.'라는 생각으로 일을 했다. 내가 욕을 듣는 것은 단지 나 혼자 욕을 듣는 것이 아니라 부산장차연과 연대해 있는 10~15개의 단체들이 나 하나 때문에 이미지가 안 좋아지니까 그 부담감이 너무 커져 나를 더 완벽주의로 만들었던 거 같다. 그래서 누군가 내가 알고 있는 업무 관련 지식이나 노하우를 물어보면 아낌없이 알려줬던 거 같다. 그때는 그게 그렇게 아깝다는 생각을 하지 못했다.
요즘 들어서는 그때 왜 그렇게 퍼 줬지라는 생각도 들고, 뭔가 좀 아깝다는 마음이 드는 것 같다.

2024년 1월 8일 D-9

가해자들은 늘 상상 이상으로 움직인다.

지난 금요일 사건 관련해서 뭐 좀 찾아본다고 페이스북에 로그인을 했다. 부산장차연 일을 할 때 페이스북을 부산장차연 홍보 계정으로 쓰고, 일을 그만둔 뒤에는 사건대응을 하면서 드는 생각과 마음을 게시하는 용도로 쓰고 있다.
이것저것 게시글을 보던 중 성폭력 가해자 A의 계정에 들어갔다. 순간 나는 내 두 눈을 의심하는 사진을 보게 되었다. 11월 30일 날짜로 방콕 야경을 찍은 사진이 보였다. 일단 캡처를 하고 다시 확인을 했다. 분명히 가해자 계정이었고 2023년 11월 30일에 '방콕 야경'이라는 글과 함께 야경 사진이 전체공개로 게시가 되어 있었다. 그걸 확인하는 순간 "미친 거 아니야."라는 말이 입 밖으로 툭 하고 튀어나왔다. 사건이 있기 전부터도 가해자가 아들과 함께 태국, 방콕을 자주 가는 건 알고 있었다. 그렇지만 지금

이 시점에, 더구나 중요한 1심 재판 선고를 앞두고 여행을 갈 거라고는 생각도 하지 못했다. 더구나 11월 30일은 한참 가해자 A 측 증인심문을 할 시기라서 1심 재판 결과를 예측하기 어려웠다. 그런데도 이때 가해자 A가 방콕으로 여행을 갔다는 건 자기가 유리하다고 생각했기 때문이 아닌가 하는 생각이 드니까 견딜 수 없이 화가 났다. 늘 이야기하지만 성폭력 가해자들은 피해자가 생각하는 것 이상으로 행동하는 것 같다.

이제 나를
드러내며

2024년 1월 9일 D-8

고마운 어색함~

이제 성폭력 가해자 A의 1심이 7일이 지나면 선고가 난다. 1심 선고 전, 마지막으로 사람들이 쓴 탄원서를 읽어본다. 사건을 4년 동안 진행하면서 몇 번이나 탄원서를 쓰고, 그렇게 쓴 탄원서를 봤지만 볼 때마다 나를 위해 탄원서를 써준 사람들이 고맙다. 8년 동안 부산장차연을 다니면서 한 번도 나를 위해 글을 쓴 적이 없고, 나를 위해 글을 쓴 사람도 없었다. 그런데 사건이 공론화된 이후 많은 사람들이 나를 위해 글을 쓰고, 나도 나를 위해 다시 괜찮은 일상을 찾기 위해 글을 쓴다는 것이 익숙해지다가도 아직은 어색하다. 고마운 어색함이라고 할까?

나는 좋든, 안 좋든, 어떻게 표현을 해야 될지 모르겠고, 잘 하지 않는다. 나로서는 나를 위해 무엇이든 해주려는 사람들을 보면 고마우면서도 그들을 향해 그 마음을 표현하는 것이 그렇게 어색하다. 그래서 난 이런 내 마음을 담은 말로 '고마운 어색함'이라는 말을 사용한다. '고마운 어색함'은 그냥 진짜 고맙다는 말이기도 하다.

12월부터 한국전기공사(이하 한전)에서 재택근무를 하고 있다. 계약직 3개월. 한 달에 하루 연차를 쓸 수 있다. 오늘 그렇게 첫 번째 연차를 쓰겠다고 한전에 신청을 했다. 1월 17일, 가해자 A의 1심 선고를 보기 위해서였다. 가해자 A의 1심 재판을 기다리면서 초조하고 긴장된 하루하루를 보내고 있는데, 그사이에 생각지도 못한 소식을 받았다. 어제였다. 가영 님이 나에게 카톡을 보냈는데 3월 8일 여성의 날 기념식에 있을 '올해의 여성운동상' 후보로 부산성폭력상담소와 전국장애인차별철폐연대가 나를 추천했다는 내용이었다.

매년 3월 8일, 3·8 세계 여성의 날은 1908년 3월 8일 미국의 여성 노동자들이 열악한 작업장에서 일을 하다가 숨진 여성 노동자들을 기리며 궐기한 것을 기념하는 날로, 당시 노동자들은 근로여건 개선과 참정권 보장 등을 요구하였다. 이후 유엔은 1975년을 '세계 여성의 해'로 지정하고 1977년 3월 8일을 특정해 '세계 여성의 날'로 공식화하였다. 한국은 2018년부터 공식적으로 3월 8일을 '여성의 날'로 지정했다.

부산장차연에 있을 때 '저는 장애인이기 전에 여성입니다.'라는 손피켓을 들고 집회에 참가했었다. 내가 든 손피켓을 보고 집회에 참가한 다른 분들이 내가 들고 간 손피켓을 가만히 보면서 정말 당연하게 장애인 이전에 여성이 먼저라는 건 너무도 당연한데, 왜 이 말이 낯설게 다가오는지, 이제까지 장애인 여성을 바라보는 시각에 뭔가 왜곡된 것이 있었던 거 같다는 표현을 하셨다. 그분들과 이야기하면서 사람들에게 장애인은 남성, 여성이 아니라 그냥 하나의 성으로 보는구나 하는 생각을 했던 기억이 난다. 그 기억을 하면서 '여성 장애인권 활동가로 성폭력의 피해자임을 드러내고 장애인권 운동판의 변화를 이끌어 낸 활동가 고숙희'로 써 내려간 추천 이유들을 보는데 갑자기 눈물이 났다. 그냥 추천서에 있는 글들에서 진심이 느껴졌기 때문이었다. 성폭력 피해자로서 4년 넘게 이어지고 매 순간순간 힘들지만 그래도 잘하고 있다고 말해주는 것 같았다. 추천으로 '올해의 여성운동상' 후보에 올라간 것만으로도 너무 좋다.

다음 주면 이제 가해자 A의 1심 재판이 있다. 성폭력상담소에서는 마지막까지도 판결에 영향을 미칠 수 있는 부분들을 챙기면서, 탄원서를 최대한 많이 제출하는 데 신경을 쓰고 있었다. 이날 상담에서 숙희 씨는 정말 편하게 장차연 안에서의 자신의 위치, 그리고 그 단체에 있으면서 개선하기를 바랐고, 그래서 그것을 바꾸려고 노력했던 일에 대해서 장애인 인권 운동가 고숙희가 되어 이야기했다.

가해자들로 인한 아픔을 이야기할 때의 숙희 씨와 장애인 인권 운동에 대해 이야기하는 숙희 씨는 정말 달라 보였다. 생기와 열정이 있는 모습이었다. 그리고 무엇보다 전문가 고숙희가 되어 있었다.

조직을 나오는 순간, 장애인 인권 운동가 고숙희도 배척당했다고 믿었기에, 그 일을 할 때의 자신을 떠올리는 것조차 싫어했었다. 분노라는 감정이 가로막아서 이성적으로 자신이 했던 일을 판단하기 어렵게 했다. 그러면서 어느새 가해자들의 믿음을 받아들이고 있었다. 8년 동안 자신이 한 일은 큰 의미가 없다고! 그 시간의 의미는 그들이 부여하는 것이 아니다. 숙희 씨가 부여하면 되는 일이었다. 그들에게는 그럴 권리가 없었다.

숙희 씨와 상담할수록 숙희 씨의 자원들이 보였다. 무엇보다 끈기가 있고, 한번 시작한 일은 끝까지 해내는 강단이 있었다. 숙희 씨는 자신이 했던 모든 일에 대해서 당연히 해야 하는 거라고 생각하고 있었다.

"잘한다는 말? 들어본 적이 없는 거 같아요. 이번에도 어떻게 일을 마무리했구나, 이렇게 생각했어요."

숙희 씨가 만났던 사람들은 숙희 씨에게 참 인색했다. 시설 원장은 공부를 하고 싶어 하는 숙희 씨에게 대학의 문을 닫아버렸다. 장차연에서 대표로 있었던 가해자도 숙희 씨에게 어떤 일을 잘한다고 말을 해준 적이 없다. 왜 그랬을까? 그들은 숙희 씨를 어떤 믿음으로 보고 있었던 걸까.

갑자기 숙희 씨가 생각난 일이 있다고 손뼉을 치며 말했다.

"기쁜 소식이 있어요. 3·8 여성의 날 후보로 추천되었어요."

작년에도 주변에서 여성의 날 후보로 추천을 하고자 했지만 아직 때가 아니라며 거절을 했는데, 이번에는 성폭력상담소에서 먼저 추천을 하고 난 뒤에 그 사실을 숙희 씨에게 알렸다고 한다.

"제일 어색한 건, 고마운 분들에게 고맙다고 말하는 거 같아요."

성폭력상담소부터 지금 자신을 옆에서 물심양면으로 도와주는 분들에게 고맙다는 표현을 하는 것이 늘 그렇게 어색하다고 했다. 어떻게든 그분들에게 마음을 전하고 싶은데, 그럴 때 제대로 표현이 되지 않는 자신의 마음을 어떤 단어로 표현할까 고민고민하다가 떠오른 단어가 '고운 어색함'이라고 했다. 뭔가 고맙다는 말은 하고 싶은데 약간의 쭈뼛거림, 말하고 나면 더 쑥스러워지는 그 마음을 잘 표현한 말 같고 숙희 씨의 표정이 연상되는 단어라는 생각이 들었다.

상을 받는다는 상상을 하는 것만으로도 어색하다고 했다. 자신을 드러내는 것에 대한 불편함은 예전부터 익숙한 감정이었다. 장차연에서 일할 때도 마찬가지였다. 명함 하나 없이 묵묵히 일하며, 직함의 무게나 외부의 인정보다는 그저 맡은 일에 충실한 것이 중요하다고 여겼다.

"친구들은 니가 몇 년을 그렇게 일했는데 왜 직함이 없냐고. 저는 그러면 그냥 직함이 필요 없다고 했어요. 그럼 친구들이 니 미친 거 아니냐고. 그런데 직함이 있으나 마나 하는 일은 똑같은데 굳이 그런 직함을 갖고 부담을 갖기는 싫다~"

"사실 명함도 없었어요. 명함도 없었다가 일 그만두기 2년 전에 한 기자님이 제발 명함 좀 만들어 달라고 그래서 제가 보도자료를 뿌리고 하니까 친한 기자님들이 많았거든요. 니가 몇 년을 일했는데 명함이 없냐고 그래서 그 기자님이 명함 시안을 보낸 거예요. 시안까지 보냈으니까 그래서 명함을 만들었어요."

단체 안에서 직함 없이 일했지만 그래도 숙희 씨는 자신이 없으면 이 단체가 돌아가지 않는다는 생각에 뒤에서 묵묵히 일하면서 자신의 존재감을 느꼈던 거 같다. 그때 숙희 씨는 자신의 위치를 어느 정도라고 생각하고 있었을까?

"그럼 숙희 씨는 장차연에서 내가 차지한 위치가 어느 정도라고 여겼어요? 만약 대기업으로 따진다면!"

"그래도 대기업 과장 정도?"

"장차연을 나오니까 어때요? 대기업 과장에서 어떻게 된 거 같아요?"

"구멍가게 사장?"

숙희 씨는 장차연에서 묵묵히 일할 때 다른 장애인들이 자신을 부러워하는 부분도 있었고, 스스로 장애인이라는 한계를 깨면서 일을 한다는 뿌듯함이 있었다고 한다.

"장애인들을 볼 때 어떻게 보면 비장애인에 비해서 조금은 열등하다는 시선으로 보는 면이 있잖아요. 그런데 장애인 여성에게는 장애인 사이에서도 또 뭔가 열등하다는 시각이 있는 거 같아요. 한번은 어떤 강연회에 갔는데, 이분이 여성인데도 장애인에게는 성이 없다! 이러는 거예요."

"성이 없다는 게 무슨 말이에요?"

"남성, 여성의 의미가 없다, 무성이다!"

숙희 씨는 그 말을 듣고 엄청 충격을 받았다고 한다. 장차연에 있을 때 정말 평등하고, 어떤 목표를 향해 함께 치열하게 싸울 수 있는 단체를 만들고 싶었고 숙희 씨 나름으로 시도하고 싶은 사업도 있었다고 한다. 그런 사업을 해보고 싶다는 의견을 이야기하면 우리가 투쟁하기도 바쁜데 왜 이거를 해야 하냐는 반응을 얻을 때가 많았다.

"성폭력 교육을 왜 괜히 이슈화시켜서 우리 단체 안에 그런 일이 있는 것처럼 보이게 하냐 그랬을 수 있었겠네요."

"맞아요! 맞아요."

그러면서 숙희 씨는 특히 자기를 부르는 호칭이 싫었다고 한다.

"미쓰 고, 미쓰 고 이렇게 부르는 게 싫었어요."

숙희 씨가 장차연에 들어갔을 때 10년 만에 신입 활동가가 들어왔다는 이야기를 들었다고. 그때 숙희 씨는 속으로 자랑이다!! 이렇게 생각했었단다. 장차연에서 일을 할수록 조직이 변화를 추구하지 않고 관행대로 일을 계속하고 있다는 생각이 들었다. 그래서 투쟁 위주의 장애인 인권 운동에서 다른 방향을 추구해 보고 싶었지만 반대 앞에서 위축되고 말았다.

"제가 성폭력상담 교육과정을 100시간 들었고, 가정폭력상담 교육과정도 100시간을 들었어요."

"언제 들으셨어요?"

"정확한 시기는 모르겠는데 낮에는 일하고 밤에 공부하고, 실습은 주말에 하고 그 시간을 채우기 위해서 거의 3개월을 토요일마다 아침 9시에서 밤 10시까지 했더라구요."

숙희 씨는 마치 다른 사람 이야기를 하듯이 그런 것도 했더라, 이렇게 표현을 했다. 자신이 하고 있는 일에 대한 열정을 느낄 수 있는 부분인데 말이다. 숙희 씨는 이렇게 상담 교육을 받고 장차연에 있을 때 장애인 대상으로 상담도 했었다. 그때 기억에 남는 상담을 말해달라고 하니까, 장애인 연인들을 상담했던 이야기를 해주었다.

"관계를 갖고 싶은데 서로 몸이 경직되니까, 그런 부분을 힘들어 했어요. 다른 곳에 가서 그런 이야기를 하기도 힘들고."

그 이야기를 듣고, 1주일을 고민했다고 한다. 이후 숙희 씨가 생각해 낸 방법을 그분들에게 이야기해 주었고 나중에 정말 고마웠다는 이야기를 들었을 때 정말 뿌듯했다고 한다. 하지만 그 상담에 대해서는 좋은 이야기를 듣지 못했다.

"장애인도 당연히 그런 욕구가 있는데, 그런 걸 표현하는 게 뭔가 금기시되는 거 같았어요. 그러다 보니까 상담할 때도 뭔가 이런 상담만 해야 한다, 좀 그렇게 갔던 거 같아요."

"그럼 어떤 상담을 해야 하는 거예요?"

"그러니까 보통 국가에서 혜택받는 부분도 모르는 분들이 진짜 많거든요. 그런 상담을 위주로 해야 했죠."

숙희 씨와 상담을 시작하고 숙희 씨가 자신이 성폭력 피해자들을 상담해 주고 있다는 이야기를 했다. 장차연에 있을 때 상담사의 역할도 했었고, 지금 성폭력 피해자로 재판을 이어가고 있으니까, 성폭력 피해자들이 숙희 씨가 다른 어떤 상담사보다 자신들의 마음을 잘 알아줄 거라고 생각하고 전화를 한 것이었다.

"아무래도 제가 같은 피해를 입었고, 그런데 그분들이 볼 때는 제가 그걸 다 이겨냈다고 생각했나 봐요."

월요일부터 금요일까지 매일매일 전화상담을 하면서 문득 '나도 힘든데 왜 이렇게 전화를 받고 있어야 하지?' 이런 생각이 들면서도 또 자신을 필요로 하는 그분들의 마음을 알기에 외면할 수도 없었다. 그렇게 상담이 끝나면 너무 힘들어서 약을 먹어야 할 때도 있었다. 그때 숙희 씨를 상담하는 상담사의 입장에서 그분들과의 상담을 하지 말라고 강하게 말했었다. 지금 숙희 씨가 그분들을 상담할 수 있는 상태가 아니고, 그분들도 다른 상담사분에게 지속적으로 상담을 받는 것이 더 도움이 될 거라고 했다.

"그렇게 상담을 그만두고 나니까 어땠어요?"

"편해요. 아직은 제가 그분들 상담을 해줄 상태가 아니었어요."

"앞으로는요?"

"모르겠어요. 지금은 우선 저부터 상담을 받고 저부터 좀 먼저 괜찮아지는 게 우선일 거 같아요."

사실 거절의 문자나 카톡이나 이런 모든 것이 숙희 씨에게는 힘든 일이다. 누가 부탁을 하면 거절을 해본 일이 별로 없었으니까.

지금의 내가 힘든 것보다 거절하면 그분들이 힘들까를 더 걱정하고 있었다.

하지만 막상 거절을 해보니 숙희 씨가 걱정했던 일은 일어나지 않더란다. 그분들은 숙희 씨가 사정이 생겨서 이제 더 이상 상담을 해줄 수 없다는 말에, 그동안 고마웠다고 말하며 시원하게 받아들이더라는 거였다. 왜 상담을 안 해주려고 하냐, 제발 계속 해달라고 매달릴까 봐 걱정했는데 아무도 그러지 않아서 오히려 섭섭하더라는 말을 하면서 웃었다.

늘 단체 속에서 책임감 있게 일하는 모습을 자신의 정체성으로 갖고 있던 숙희 씨가 그곳을 벗어나서 고숙희라는 개인을 드러내는 것이 아직은 어색하고 낯설지만, 조금씩 자신을 드러내려고 노력하고 있다는 것이 무엇보다 반가웠다.

숙희 씨가 장차연에서 자기가 했던 일, 잘한 부분, 아쉬웠던 부분, 거기에서 일하면서 속상했던 것을 이렇게 편하게 이야기하는 데 얼마나 많은 시간이 걸렸는지. 숙희 씨는 그렇게 조금씩 변하고 있었다.

기다림의 끝
1월 17일!

드디어 D-day다. 한 달 전 비 오던 날부터 숙희 씨에게 그날을 기준으로 가해자 A의 1심 판결이 있는 날까지 한 달 동안의 글을 써보자고 했었다. 그렇게 숙희 씨가 어떤 마음으로 이 재판을 바라보고 있는지, 솔직하게 적어본다면 시간이 지난 후에 숙희 씨가 그때의 심정을 말로 설명하는 것보다 더 생생하게 와닿을 거 같았다. 그렇게 하루하루 긴장하며 기다린 D-day의 그날이 되었다.

 재판 시간은 오후 2시였다. 천천히 준비하고 나가도 되지만 일이 손에 잡히지 않았기에 조금 일찍 법원으로 향했다. 아직 재판 시간이 많이 남아 있었다. 숙희 씨가 증언을 했던 날 갔었던 카페에 들어갔다. 재판이 끝나고 이곳에 다시 와서 기분 좋게 이야기를 나누기를 바라는 마음을 담아 천천히 커피를 마셨다.

1월답지 않게 따뜻한 날씨였다. 숙희 씨를 만나고 사계절을 다 한 번씩 거쳐 가는 듯했다. 그동안 어떤 마음으로 재판을 준비하고, 오늘 1심 판결까지 오는 동안의 그 힘듦을 아니까, 판결을 기다리는 내 마음도 간절했다.

판결이 내려지는 법정 앞에는 성폭력상담소 소장님, 장애부모회 회장님, 숙희 씨를 살펴주시는 활동지원사분이 보였다.

"오늘 거의 밥을 못 먹었어요."

늘 숙희 씨를 챙기시는 활동지원사분이 걱정이 되어 한 말씀 하셨다.

"아이고, 진짜 이 일 있고는 늘 제대로 못 먹어요. 제발 먹어라, 먹어라 하는데, 오늘도 죽을 끓여줬는데 그것도 조금밖에 못 먹고…."

숙희 씨를 도와주시는 활동지원사를 숙희 씨는 편하게 이모라고 부르고 있다고 했다. 이모님은 5년 동안 숙희 씨와 함께하고 있다. 일상지원으로 밥을 차려주고, 청소, 빨래, 동사무소 업무 등 숙희 씨가 혼자 하기 힘든 일들을 지원해 주신다. 숙희 씨는 이모님과 같이 커피 한잔을 마시면서 이모님이 하는 이야기를 경청한다고 한다. 그리고 이모님은 그렇게 이야기를 들어주는 숙희 씨에게 이런저런 이야기하는 시간이 좋다고 하시고, 그래서 이모님과 숙희 씨 사이에는 시간이 만든 각별함이 있었다. 무엇보다 숙희 씨가 장차연을 나오기 전부터 숙희 씨의 활동지원사를 했던 분이라, 장차연에서의 생활을 누구보다 잘 아시는 분이셨다.

"그때 진짜 일 많이 했어요. 늘 밤늦게 오고, 그래서 거기는 숙희 씨 말고는 일할 사람 없냐고 그랬거든요. 그런데 참….."

차마 다 이어가지 못하는 말에 어떤 의미들이 담겨 있는지 알 거 같았다. 오후 2시가 가까워지자, 법정경위가 재판정의 문을 열었다. 법정으로 들어가서 재판부가 잘 보이는 자리에 앉았다. 사람들이 차례대로 앉고, 법정의 문이 닫혔다. 법정 안에는 긴장만으로 가득 찼다. 마스크를 하고 가영 씨하고 같이 있는 숙희 씨도 보였다. 재판부가 입장을 하고 일어서서 판사에게 경의를 표하고, 판사가 착석하자 방청객도 따라서 착석했다.

"재판을 시작하겠습니다."

늘 느끼는 것이지만 판사들의 목소리는 너무 작다. 이 고요 속에서도 그 목소리들이 뚜렷하게 들리지 않을 정도로 말이다.

가해자 A의 판결 전에 다른 몇 명의 피고인들의 판결이 있고, 드디어 가해자 A의 판결차례가 되었다. 사건 번호와 피고인 신원, 범죄사실, 판결내용, 양형 이유 이렇게 낭독이 이어질 것이다. 온 신경을 모아서 판결내용을 들었다.

"피고인을 징역 3년에 처한다. 피고인에 대하여 40시간의 성폭력 치료 프로그램 이수를 명한다. 피고인에 대하여 아동 청소년 관련 기관 등, 장애인 복지시설에 7년간 취업제한을 명한다."

3분도 걸리지 않는 이 판결 선고를 위해 4년을 싸웠다. 나의 시선은 자연스럽게 숙희 씨를 향했다. 숙희 씨의 표정에서 지금 어떤 마음일지가 오롯이 전해지는 듯했다.

다른 피고인들의 판결을 듣고 있을 필요가 없었기에 재판정을 나왔다. 숙희 씨 주변으로 함께 지지하고 연대하는 분들이 둘러쌌다.
"수고했어요."
서로를 향한 축하와 격려의 말들이 오고 갔다. 벅찬 순간이었다. 숙희 씨도 울었고, 부모회 회장님도 울었다. 기뻐서 흘리는 눈물이었다. 물론 가해자는 바로 항소를 하겠지만 그래도 오늘 이 순간만은 그다음을 생각하고 싶지 않았다.

숙희 씨를 응원하기 위해 서울에서 내려온 공감 측 관계자분과 이동영 선생님, 숙희 씨와 같이 재판이 끝나면 가는 커피숍으로 이동했다. 공감 측 관계자분도 축하한다는 말씀을 전했다. 숙희 씨는 정말 오랜만에 들떠 있었다. 그렇게 기분 좋은 모습은 처음 보았다고 할 만큼 상기되어 있는 숙희 씨 옆에서 동영 쌤도 들떠서 이런저런 이야기를 하셨다. 다들 기분이 좋아서 두서없이 이야기를 나누고 있었다.

오늘은 좀 이러자, 내일 걱정은 내일 하자. 그렇게 시원하게 커피 한잔을 마시고 상담시간을 다시 확인하고 헤어졌다.
"오늘은 술 한잔해야 할 거 같아요."
지하철역 앞에서 헤어질 때 숙희 씨가 한 말이었다. 정말 기분 좋게 한잔 마시고 싶은 날이었다.

2024년 1월 17일 드디어 D-day

오늘 드디어 가해자 A의 1심 선고가 부산지방법원 325호 법정에서 났다. 2시에 있는 여러 재판 선고 중에서 가해자 A의 1심 선고가 첫 순서였다. 4년간 재판을 진행하면서 재판장에 가는 것은 처음이었다. 나는 휠체어석에 가영 님이랑 앉았다. 그리고 그 주위로 나를 지지해 주는 분들이 앉았다. 많은 분들이 나와 함께 있겠다는 마음으로 오셔서 자리가 부족해서 뒤에 서 있는 분도 계셨다.

가해자 A가 내 앞자리, 그다음 앞자리에 앉았다. 4년 만에 보는 가해자 A의 뒷모습, 그렇게 얼굴을 보았다. 예상했지만 가해자의 얼굴은 너무도 말짱했다. 그래서 화가 났다. 나는 4년 넘게 아니 첫 성폭력 사건이 일어난 것은 2014년이니까 10년 넘게 가해자 때문에 힘들었고, 이 사건이 공론화되고 또 재판 과정에서는 약 없이 하루도 보내기 힘들었다. 수면제 없이는 잠을 자기 힘든 시간들이었다. 그런데 가해자는 너무도 멀쩡해 보여서 순간 분노가 치밀어 올랐다. 작년 중순만 해도 ○○○이라는 이름만 보여도 무섭고 두려웠는데, 이제는 그냥 화가 나고 분노가 치밀어 오르고 때로는 이 분노를 어떻게 식혀야 할 지 모르겠다는 생각이 들 정도였다. 가해자가 자신이 성추행을 했다고 인정했으면서도 그것이 죄는 아니다라고 말을 하는, 정말 반성이라고는 전혀 없는 태도가 나를 두렵게 했던 마음들을 분노의 감정으로 바꾸어 놓은 거 같다.

2시가 되자 바로 판사 세 명이 들어오고 그렇게 가해자 A 1심 선고가 시작되었다. 1심 선고는 3분 만에 끝났다. 징역 3년, 이수 명령 성폭력 치료 프로그램 40시간, 아동 청소년 관련 기관 취업제한 명령 7년, 장애인 관련 기관 취업제한 명령이 판결의 내용이었다.

그렇게 재판장을 나와서 나는 나를 지지하는 사람들에게 둘러싸여 눈물을 흘렸다. 재판부가 가해자 A를 성폭력 범죄자로 인정한 것, 4년 넘게 3분 정도 되는 1심 선고를 듣기 위해 얼마나 많은 힘든 순간들을 지나쳐 왔는지, 죽고 싶었던 순간들 그렇지만 다시 일어서서 싸우자고 마음먹었던 순간들이 파노라마처럼 지나가는 듯했다.

당연히 가해자는 항소를 하겠지만 오늘 1심 선고가 확정될 때부터 가해자는 더 이상 장애인 인권 관련 운동이나 사업 등을 못 한다. 일단 그가 하고 있던 모든 정부 사업을 못 하게 되었다는 게 정말 다행이라는 생각이 들었다. 그런 치졸하고 장애인을 막 대하는 사람이 더구나 성폭력 범죄자가 장애인 관련 일을 하면 안 된다는 건 너무 당연한 거니까. 그렇게 오랫동안 유지했던 그 사람의 밥줄이 끊어졌다는 것, 이제까지 그가 해왔던 일들을 다 쓸모없게 만든 것만으로 2024년 1월 17일 오늘은 나에게 정말 좋은 하루였다.

생각해 보면 시설에서 탈시설을 꿈꾸었던 것이 자립을 꿈꾼 거라면 지난 4년은 독립의 시간이었던 거 같다. 자립과 독립! 나를 지탱하게 했던 이 두 단어가 떠올랐다.

4년이라는 시간 동안 나는 지난날의 나를 떠올리기 싫었다. 철저하게 나를 부정하면서 몸부림쳤고, 그러면서 다시 나답게 사는 것이 무엇인지, 어떻게 살아야 할지에 대해 고민하고 아파했던 시간이었다.

1심 재판 선고를 듣는 순간, 어떤 해방감이 나를 휘감았다. 그리고 아 이제 나의 과거를 그리고 4년간의 시간을 말할 수 있겠구나 하는 생각이 들었다. 그래, 이제 정말 고숙희를 말해보자.

이제 나는 그냥 잘되고 싶다!

제5장

숙희 씨의
새로운 봄

일상에서
권리 찾기

　1심 재판이 끝나고 가해자는 바로 항소를 했다. 예상은 했지만 정말 항소의 속도는 너무도 빨랐다. 숙희 씨의 말처럼 가해자는 늘 상상 이상이다. 1심 재판 이후 그동안의 긴장이 한꺼번에 풀린 탓에 며칠을 끙끙 앓았다고 한다. 큰 몸살로 고생을 하고 다시 만난 숙희 씨는 1심 재판 전보다 편한 모습이었다.
　"2024년은 좀 좋게 시작이 되네요."
　4년을 기다린 재판은 3분의 판결로 끝이 났다. 드라마에서 보는 것처럼 드라마틱하지 않았다. 가해자는 유죄판결을 받았지만 그 자리에서 바로 구속이 되지는 않았다. 1심 판결 후 7일 안에 항소를 해야 하고, 항소를 할 경우 법정구속은 2심 재판이 끝날 때까지 미뤄진다. 피해자의 입장에서 원하는 그림은 판결을 받고 그 자에서 구속이 되는 거지만 현실에서는 드라마처럼 시원한 그림은 그려지지 않았다.

숙희 씨는 성폭력 피해자로 재판을 하면서 법이 가해자의 편에 있다는 생각이 들 때가 종종 있다고 했다. 피해자가 신고를 하면 수사개시를 하고 피의자 조사를 하고 경찰이 검찰에 사건을 송치하면 검찰은 기소를 할지 결정한다. 기소까지도 시간이 걸리지만 기소를 하게 되면 그때부터 재판이 시작되는데, 가해자로 지목된 사람은 적극적으로 방어를 하며 증인을 채택하고 무죄를 주장하려고 한다. 가해자 A와의 재판 과정도 이랬다.

재판을 떠나 일상적으로 어떻게 지내냐는 질문을 했다.

"조금 불편한 일이 생겼어요."

숙희 씨에게는 상반되는 모습이 있었다. 장차연에서 장애인 인권 운동가로 일을 했던 고숙희는 세상 무서울 것 없는 불도저와 같은 추진력을 가진 사람이었다. 단체를 위해서, 다른 사람의 권익을 위해서는 물불 안 가렸다면 막상 자기 일에서는 목소리를 높이지 못할 때가 많았다. 숙희 씨는 그 일에서 오는 불편함을 본인만 참으면 된다고 생각할 때가 많았다. 어떤 불편한 일이 있냐고 질문을 했더니, 숙희 씨는 한숨을 길게 쉬고는 이야기를 꺼냈다.

현재 숙희 씨의 일상에서 가장 중요한 곳 중 한 곳은 1주일에 2번에서 3번 정도 가는 운동센터였다. 이 운동센터가 다른 지역에 센터를 확장하는 일이 생겼다. 그런데 새로운 곳을 홍보하면서 숙희 씨가 찍은 바디프로필 사진을 무단으로 사용한 일이 생겼다. 숙희 씨는 그 상황을 센터의 관계자분이 설명해 주기를 기다렸다고 했다. 하지만 아무런 설명이 없었고, 숙희 씨가 먼저 이야기를 할까 생각하다가도 가서 따지지 못했다고 한다.

숙희 씨에게 직접 불편함을 이야기하라고, 그래야 한다고 말을 하면 숙희 씨는 알았다고 이야기하면서 결국은 말을 못 하고, 그렇게 표현하지 못하는 자신을 자책할 거라는 걸 알고 있었다. 왜 내 사진을 함부로 사용하니? 그러지 마! 이렇게 말하면 되는 단순한 문제가 아니었다. 불편함을 이야기하면 운동센터와 관계가 소원해질 것도 걱정했고, 지금 운동을 같이 하는 트레이너분은 정말 헌신적으로 지도를 해주고 계시는데, 그분에게 혹시 피해가 가지 않을까 등등 너무도 많은 것을 생각하기에 그냥 참는 것이 낫다고 여기고 있었다.

상담사로서 이 문제에 개입하는 것이 옳을까 하는 고민이 생겼다. 고민이 들었던 부분은 숙희 씨가 이번에 직접적으로 불편하다고 이야기를 함으로써 관계에서 참는 것에서 벗어나 자기의 입장을 이야기하는 변화를 얻을 수 있지 않을까 하는 생각이 들었기 때문이었다. 고민을 하다가 이번 문제에서는 개입을 하자는 쪽으로 마음을 굳혔다. 장차연에서 부당한 일이 생겼을 때 같이 일하던 동료들에게서 받았던 상처가 깊은 숙희 씨였다. 곁에서 늘 자신을 지켜보는 상담사가 난처한 문제에 직접적으로 나서주면 힘든 일이 생겼을 때 혼자이고, 갈 곳이 없다는 믿음이 조금 깨어지지 않을까 싶었다.

그래서 운동센터에 전화를 해서 숙희 씨 사진이 광고용으로 사용된 것에 대해서 어떻게 된 일이냐고 물었다. 그곳에서는 숙희 씨가 사진을 사용해도 된다는 사인을 했고 그렇기에 그 사진을 사용하는 것은 문제가 없다는 거였다. 더구나 숙희 씨가 개인적으로 찍은 것이 아니라 운동센터에서 챌린지 프로그램을 했었고, 거기에서 숙희 씨가 좋은 성과를 낸 기념으로 찍은 바디프로필 사진이기에 얼마든지 사용해도 된다는 입장이었다. 하지만 상업적 용도로 그 사진을 쓰는 건 또 다른 문제였다.

이럴 때 어디 아는 변호사분이 있나 하고 살펴보니, WPI 전문가 과정의 변호사분이 생각이 나서 자문을 구했더니 흔쾌히 어떤 부분에서 그분들이 실수하는지를 다 적어주셨다. 그걸 다시 운동센터에 보냈다. 그제야 그분들은 자신들의 실수를 인정했다. 그리고 바로 대구 센터에서 사용한 사진을 내렸다고 했다.

"유진 쌤에게 전화를 받고 난 다음, 그분들이 사진을 내렸다는 이야기를 전해 들었어요."

"그 이야기를 들으니까 어땠어요?"

"좋았어요. 저는 그분들에게 괜찮다고 말했고, 왜 그분들이 이런 실수를 했을까 생각을 했어요. 정말 간단하게 미리 물어만 봤으면 저는 좋다고 했을 거 같거든요. 사실 그렇게 안 물어본 게 몰라서일까? 물어보지 않아도 된다고 여길 만큼 무시한 걸까? 이런 생각도 들었지만, 계속 운동을 할 예정이고 진짜 제 운동을 담당해 주시는 선생님은 정말 저에게 신경을 써주거든요. 혹시 제가 불편함을 이야기하면 그분이 피해를 볼까 봐 전전긍긍했는데 그런 일 없이 해결이 잘되어서 좋았어요."

이 일에 대해서 숙희 씨와 참 많은 이야기를 나눴다. 그들은 왜 숙희 씨에게 미리 이 일에 대해 양해를 구하지 않았는지, 숙희 씨는 그 불편함을 왜 넘기려고 했는지, 이렇게 해결이 되고 나는 걸 보니까, 앞으로는 자신의 입장을 미리 이야기하는 것이 좋겠다는, 아니 이야기해도 아무런 문제가 생기지 않는다는 믿음이 생겼다고 했다.

"사실 참으면 알아주지 않을까 했던 거 같아요."

"참고 있는 마음을 알아주고, 알아서 불편함을 해결해 주리라 생각했던 거예요? 그런데 알아주던가요?"

"그런데 또 말하려고 하면."

"이런 일로 말하려니 뭔가 속 좁은 거 같고 쪼잔한 거 같고?"

"네, 맞아요."

숙희 씨는 좋은 사람으로 보이고 싶다는 바람이 있었다. 숙희 씨가 믿는 좋은 사람은 누군가 어려운 부탁을 해도 거절하지 않는 사람, 그리고 생색내지 않고 다음에 그 요청이 와도 끝까지 부탁을 들어주는 것이었다. 사례는 요구하지 않는 것이 원칙이었다. 전에는 그렇게 자신이 좋은 사람으로 다른 사람에게 보이는 것에 불만이 없었는데, 지금은 뭔가 이렇게 행동을 하면 호구 같다는 생각이 들 때가 많다고 했다. 속으로 은근히 내가 왜 이렇게 해줘야 하지? 이런 생각이 들 때면 그래도, 저 사람이 힘든데 해주는 게 맞잖아,

지금 와서 못 해준다고 하면 좀 이기적으로 보지 않을까? 속 좁게 보지 않을까 하는 갈등이 생긴다고 했다.

"그러다 참다 참다가 폭발하는 거예요. 스스로 아, 그래 참을 만큼 참았어. 내가 이렇게 화를 내는 건 당연해. 다른 사람들도 이해해 줄 거야!"

"그 사람은 황당하지 않을까요? 아니 이제까지 참다가 왜 이제 그러는 거야! 누가 참아달라고 했나?"

"아, 그럴 수도 있겠네요."

숙희 씨는 약간 혼란스러운 표정으로 나를 보았다.

"이만큼 했으니 표현했다고 믿으신 거 아니에요. 아니면 알아줄 거야. 설마 모르겠어?"

"아, 설마 모르겠어!"

"그런데."

"설마 모르더라구요."

이 얘기를 하면서 숙희 씨는 크게 웃었다.

"말씀하세요. 상대가 불편할까 봐 말을 못 하는지, 아니면 내가 불편해서 말을 못 하는지 생각해 보셔야 할 거 같아요. 그런데 말 안 하면 몰라요."

참고 견디는 건 이제 더 이상하지 않아도 된다는 걸 숙희 씨에게 이야기하고 싶었다. 관계란 한쪽이 참고 견딘다고 만들어지는 것이 아니라는 것을, 그래야 관계가 유지된다고 생각한 건 숙희 씨의 믿음이었다.

일상에서부터 내가 지금 이 상황에서 어떤 믿음을 갖고 말하고 있다는 걸 인식한다는 것, 그렇게 자신의 마음을 조금씩 읽어가고 싶다고 했다.
"해볼게요. 힘들지만 이제는 참지만 말고 말해볼게요!"
숙희 씨는 그렇게 변하고 있었다.

2024년 1월 22일

오늘은 부산성폭력상담소 정기총회가 서면 롯데호텔에서 있었다. 성폭력상담소를 다닌 지 4년 동안 오늘로 두 번째로 상담소 정기총회에 갔다. 그냥 부산성폭력상담소 행사를 가면 항상 좋았고 편한 자리인 거 같다. 다들 표현은 안 하지만 다 같은 마음으로 지지하고 함께하는 마음.
총회를 마치고 저녁을 먹으면서 돌아가면서 마이크를 잡고 인사하는 자리를 가졌다. 그래서 '나에게는 마이크가 안 오겠지. 제발 오지 마라. 나 안 해도 돼요.'라고 마음속으로 빌고 있었다. 거의 끝나는 시간이 되도록 마이크가 안 와서 안심하고 있었다. 그런데 결국 왔다. 그래서 마이크를 잡고 성폭력 피해 생존자로서 4년 동안 어떻게 싸워왔고, 지금 어떤 상황인지 말을 했다. 끝으로 "지금 솔직히 많이 지치고 힘들지만, 끝까지 싸울 테니 지지와 연대를 부탁한다. 그리고 부산성폭력상담소가 정말 잘되었으면 좋겠어요."라는 말과 함께 소감을 마무리했다. 아니나 다를까 몇 분이 눈물을 흘렸다. 새로 온 사람들도 있었긴 했지만, 사건 이야기만 하면 눈물을 흘리는 분들이 꼭 계신다. 내 사건 이야기를 들으면서 자신의 이야기처럼 공감해 주시는 듯했다. 그분들에게 나의 진심을 전하고 싶었다. 제발 울지 말아요. 저 나름대로 저의 방식대로 하루하루 잘 버티고 있어요. 그리고 정말 고맙습니다….

아무튼 2024년 부산성폭력상담소 정기총회 자리는 너무 좋은 시간이었다. 작년 한 해 동안 얼마나 애썼는지 나는 너무 잘 알고 있다. 앞으로도 부산성폭력상담소가 잘되었으면 좋겠다.

2024년 1월 23일

1주일에 한 번 개금으로 WPI 상담을 간다. 오늘도 간다. 상담을 다닌 지 1년이 다 되어간다. 첫 상담을 가기까지도 1년이 걸렸다.

사건과 고소를 진행하면서 많은 상담 추천, 글쓰기치료 상담 등등 많은 상담들은 권유받고 몇 번 가봤지만, 그냥 맘에 안 들어 한두 번 가고, 다신 상담 같은 건 안 받을 거라고 아예 그냥 상담에 대한 마음의 문을 닫았다. 물어보지도 않고, 그냥 나의 상태를 짐작해서 말하는 것이 너무 그냥 싫었다. '그건 솔직히 나도 할 수 있겠다. 진짜. 그 정도면 아무나 상담사 하겠다.'고 생각했다.

그리고 사건, 고소로 인해 너무 정신이 없었고, 2차 가해로 너무 많은 인간들에게 상처를 받았기 때문에 아무도 믿지 못했다. 공황장애와 대인기피증이 심해져 처음 보는 사람에게 나의 이야기를 하는 것이 너무 무서웠다. 그래서 더 사람, 상담 같은 거 쳐다보지도 않았다.

그런데 고등학생부터 봐왔던 동영 쌤이 1년이 넘도록 WPI 상담 하는 유진 쌤한테 한 번만 가보라고 1년 넘게 부탁을 해서 가게 되었다. 첫 상담은 2023년 3월쯤이었다. 동영 쌤의 부탁도 있었고, 2023년 3월쯤은 뭔가 상담을 받을까 하는 여유가 생겨서 가게 되었던 거 같다. 지금까지 다니고 있으면 나한테는 진짜 신뢰가 가고 좋아서 가는 것이다.

유진 쌤에게 완전히 마음을 열기까지는 5~6개월이 걸렸다. 그냥 이게 내가 마음을 여는 속도인 거 같다. 그걸 유진 쌤이 기다려 줬기 때문에 지금까지 갈 수 있었던 거 같다. 앞으로 내가 또 얼마나 힘든 싸움과 시간을 보낼지 모르겠지만, 나의 힘듦과 지침을 부산성폭력상담소와 그리고 또, 말할 수 있는 곳이, 사람이 생겼다는 게 위안이 된다.

3·8 여성의 날
수상자가 되다

상담실로 들어오는 숙희 씨의 표정이 상기되어 있었다. 어떤 좋은 일이 있나 하고 숙희 씨의 이야기를 기다리고 있었다.

"저, 3·8 여성의 날 수상자가 되었어요!"

"진짜요?"

후보로 추천되었다는 이야기를 했었던 기억이 났다. 매주 많은 일들이 있었기에 잠시 잊고 있었는데, 믿어지지 않게 수상자로 지목이 되자 너무 좋아서 심장이 벌렁거렸다. 숙희 씨도 나도 잠시 말을 잇지 못하고 손뼉을 치며 "와!!"라고 각자의 감정을 표현했다.

"수상자로 지목되니까 어때요?"

"제가 상을 받는데 주변 분들이 저보다 더 기뻐해 주시구요. 가영 님은 눈물도 흘렸어요. 저도 늘 안 좋은 이야기만 전해드리는 거 같아서 그랬는데, 이번에는 정말 좋은 일을 전해줄 수 있어서 너무 너무 좋아요."

그러면서 수상소감을 쓰긴 썼는데 한번 읽어봐 달란다. 수상소감 안에 감사한 사람들에 부산 WPI 센터도 들어가 있다. 숙희 씨, 그리고 성폭력상담소, 그리고 부산 WPI 센터, 숙희 씨를 지지하고 연대하는 분들 모두가 함께 받는 상이라는 기분이 들었다.

2024년 2월 29일

다음 주 3월 8일 세계 여성의 날이자, 제39회 한국여성대회가 열리고, 나는 그 자리에서 '올해의 여성운동상'을 수상한다. 아직도 실감이 나지 않는다. 나에게 너무 큰 상이라. 세부적인 일정도 나왔다. 사회자는 '2019년 올해의 여성운동상' 수상자인 서지현 검사님이다.

서지현 검사님은 2018년 1월 29일, 검찰 내부통신망 이프로스에서 서울북부지검 검사 시절이던 2010년 검찰 상관한테 성추행을 당했다는 글을 쓰며 한국 내 미투 운동을 시작하게 만든 분이다. 나는 부산지역 장애인 인권단체 내의 조직 성폭력 사건을 공론화하고 지금까지 싸움을 이어가고 있다. 이 과정에서 미투 운동의 서지현 검사님이 나의 롤 모델이다. 그런 분이 사회를 보는 자리에서 내가 상을 받게 되니, 더 '올해의 여성운동상'이 더 크게 다가오고 나에게 정말 무겁고 값진 상으로 느껴지는 거 같다.

한국여성단체연합에서 '올해의 여성운동상' 수상자 관련해서 보도자료 및 당일 무대에서 쓸 사진을 보내달라고 연락이 왔다. 사진을 고르는 데만 3일이 걸렸다. 사진이 너무 없어서 딱히 보낼 것이 없어 3일이나 걸렸다. 그것도 "사진 좀 보내달라."고 다시 연락이 와서 보내줬다.

나는 8년 넘게 부산장차연 활동을 하면서 실무가 나 혼자였으니 모든 투쟁 일정들을 진행하고 총괄을 하면서 현장 사진도 내가 맡아서 찍었다. 그러니까 내가 찍힌 사진은 진짜 없다. 그래서 인터넷 검색으로 기사나 다른 기관에 발제자로 가서 찍힌 사진들을 찾아서 보내줬다. 8년 넘게 부산장차연에서 일했는데 내 사진이 이렇게 없다니. 뭔가 좀 더 나의 활동들을 기록해 놓았으면 좋았겠다는 아쉬움이 들었다.

올해 여성운동상 수상소감_수키

안녕하세요. 저는 2021년부터 부산지역 장애인차별철폐연대(이하 부산장차연) 조직 내의 성폭력 사건에 피해 생존자로 맞서 싸우고 있는 숙희입니다. 저는 2014년부터 2021년 8월까지 약 8년간, 부산장차연 활동을 하면서 정말 저 자신보다 다른 장애인들의 삶을 위해 낮, 밤 없이 그 누구보다 열심히 투쟁 활동을 해왔습니다.

하지만 진보적 장애 운동을 내세우는 부산장차연은 성희롱, 성추행이 일상적으로 일어나는 성감수성이 떨어지는 조직이었습니다.

저는 2014년부터 A 씨, B 씨에게 약 7년간 성추행을 당했지만, 부산장차연 조직 내부는 성폭력으로 인한 피해 사실을 알려도 그냥 조용히 넘어가는 구조였습니다.

2020년 부산장애인부모회 도우경 회장님께서 저의 성폭력 사건에 문제 제기를 했고, 그로 인해 부산장차연 조직 내의 성폭력 사건이 공론화가 된 이후에서야, 2021년 저는 성폭력 사건을 알리고 맞서 싸울 수 있는 용기를 낼 수 있었습니다.

2021년부터 지금까지 4년 넘게 싸우고 있습니다. 4년 넘게 싸워오면서 제일 힘들었던 것은 A 씨를 고소한 직후 해고를 당해 일자리를 잃게 된 상실감과 동료였던 사람들, 심지어 언론도 2차 가해를 하는 상황에 저는 정말 죽고 싶을 정도로 힘들었습니다. 하지만 제가 성폭력을 당한 것은 진짜니까 진실을 밝히기 위해서 싸움을 멈추지 않고 끝까지 싸울 것입니다.

오늘 이렇게 '올해의 여성운동상'으로 뽑히게 되어 한없이 너무 좋습니다. 이 자리를 빌려, 저의 고마운 마음을 보여드릴 수 있어 참 기쁩니다.

상처받은 마음을 치유하고 성장에 도움을 주신 부산성폭력상담소와 부산장애인부모회, 그리고 부산 WPI 심리상담코칭센터, 또 용기 내 최초 취재해주신 부산 MBC, 연대해 주신 대책위원분들 정말 고맙고 또 고맙습니다.

함께해 주신 분들 덕분에 성폭력 피해자에서 생존자로 거듭나 힘껏 싸울 수 있었습니다. 앞으로도 단단히 버티고 살아내겠습니다. 감사합니다.

끝으로 여기 있는 분들께 전하고 싶은 말로 발언을 마치겠습니다.

"그때 사건들이 날 괴롭히면 아파하기도 하고 울기도 하면서 믿는 사람들에게 도움을 요청하기도 했다. 극복하려고 애쓰지 않아도, 이렇게 하고 싶은 일, 배우고 싶은 공부를 하며 지낸다. 우리는 모두 소중하고 특별하다."

올해의 여성상이
숙희 씨에게 주는 의미는?

  3월 8일 여성의 날 수상자로 상을 받고 난 뒤 상담실에서 숙희 씨를 만났다. 현장에 직접 가서 축하해 주지 못한 아쉬움을 꽃다발로 대신했다. 숙희 씨는 축하해 준 지지자들에게 줄 연필을 준비해 와서, 이 선물을 나에게 가장 먼저 주는 거라며 수줍게 건넸다.
  "상을 받고 나니까 어때요?"
  "좀 부담스럽기도 하고, 그런데 사람들의 반응이 재미있더라구요. 배신하고 간 사람에게서 연락이 왔어요."
  상을 받았다는 기사가 나오고, 갑자기 카톡이 다다다 하면서 축하인사가 오기 시작했단다. 그런데 그 인사를 보낸 사람 중에는 숙희 씨 기억에 참 아프게 남아 있던 사람들도 있었다.
  "뭔가 신기했어요."

사람들의 마음이 이렇게 쉽게 변할 수 있다는 사실에 놀랐다는 것을 숙희 씨는 신기하다고 표현했다. 그리고 상을 받았다고 숙희 씨의 상황이 다 해결된 것은 아니라 오늘도 탄원서를 쓰다가 상담을 왔다고 한다.

"숙희 씨 상 받은 것을 보면, 성폭력 피해자로서 얼굴을 공개한다는 건 쉽지 않은 결정이었을 거 같아요."

"방송에 나갈 때 기자님도 그런 말씀을 하셨어요. 얼굴을 공개하면 2차, 3차 가해가 일어날 수 있다고. 그런데 저는 그렇게까지 생각을 안 한 거 같아요. 그냥 일단 저를 공개하고 싶다고 말했어요. 성폭력 피해자가 되면, 가해자는 떳떳하게 다니는데 피해자는 오히려 숨잖아요. 그리고 심지어 밖에도 못 나와요. 저는 그걸 깨고 싶었어요. 내가 죄지은 것도 아닌데 왜 내가 숨어 있냐 이런 마음이었어요."

자신의 얼굴을 드러내고 성폭력 피해자로서 목소리를 내는 과정은 쉽지 않았다. 숙희 씨의 재판이 끝나고, 법원 앞을 같이 지나가는데 갑자기 숙희 씨가 멈춰 선 일이 있었다. 공포에 질린 얼굴이었다. 숙희 씨의 시선이 닿는 곳에 걸어가는 남자의 뒷모습을 보았다. 그렇게 그 남자분이 고개를 돌리자 숙희 씨가 깊게 숨을 내쉬었다. 가해자와 닮은 남자의 뒷모습에도 숙희 씨는 이렇게 몸이 경직되듯이 놀란다고 했다.

힘든 이야기를 하고 숙희 씨가 길게 한숨을 쉬었다. 잠시 숙희 씨가 편해질 때까지 기다렸다가 질문을 했다.

"성폭력 피해자들이 그 피해에서 벗어나서 그 아픔을 이겨내면 생존자라는 말을 쓰잖아요."

"네."

"숙희 씨가 잘 쓰는 말이 괜찮은 일상회복인데, 저는 일상회복의 의미는 무엇이고, 괜찮은 일상회복은 무엇인지 잘 모르겠거든요. 어떤 의미예요?"

"피해자가 피해를 입기 전의 삶으로 돌아가는 것인데, 원래 있던 자리로 가자는 의미예요. 저는 장차연에서 일을 했으니까 제가 다시 그 일을 하게 되는 것을 많은 사람들은 일상회복이라고 여기거든요."

"숙희 씨는 어때요? 예전에 일했던 곳으로 다시 돌아가고 싶으세요?"

"아뇨! 저에게 장차연으로 가라는 말은 가정폭력에 시달린 아이에게 그래도 부모님은 널 사랑한단다 하면서 다시 그곳으로 보내는 것으로 받아들여지거든요."

"어떤 점에서 그곳으로 가는 게 가장 꺼려지세요?"

"그 사람들을 다시 만나야 하잖아요. 물론 저에게 직접적으로 가해를 한 가해자는 지금 없어요. 하지만 그곳에 있던 사람들이 제가 이 일을 겪었을 때 저를 도와주지 않았고, 정말 많은 사람들이 2차 가해를 했는데, 거기에 간다는 건 저에게는 끔찍한 일이죠."

"그렇다면 괜찮은 일상회복은 뭔가요?"

"피해를 입기 전보다 더 나은 삶을 살고 싶다는 저만의 표현이에요. 전에는 단체를 위해서 살았어요. 저 개인은 중요하지 않았어요. 그런데 이제는 그러고 싶지 않아요. 저 개인적인 삶을 추구하면서 살고 싶어요."

"숙희 씨에게 다시 장차연으로 가기를 바라는 분들도 이유가 있을 거 같아요."

"제가 어떤 역할을 해주기를 바라는 거 같아요. 성폭력 피해자에서 생존자로 살아남은 것, 그리고 부산 장애인조직이 많이 무너졌으니까 다시 제가 어떤 큰 역할을 해주기를 바라는 거 같아요. 그런데 지금은 그런 마음이 없어요."

"이렇게 큰 상을 숙희 씨에게 줬을 때는 뭔가 숙희 씨가 이제까지 장애인 인권을 위해 애쓴 것도 있지만 앞으로의 활동도 기대한다는 의미도 있을 거 같아요?"

"그건 그렇죠."

그렇게 상을 받았던 일을 이야기하는데 숙희 씨가 잠시 머뭇거리다가 말을 꺼냈다.

"제가 생각을 해봤는데, 책을 쓰는 거 말이에요."

"네."

"제가 안 쓰는 게 나을 거 같아요."

갑자기 이게 무슨 이야기인가 싶어서 숙희 씨를 쳐다보았다. 어떤 일을 진행하다가 중간에 그만두는 일이 없다는 걸 더 알고 있었기에, 어떤 마음에 변화가 생겼나 하는 궁금증이 생겼다.

"글 쓰는 일이 많이 부담되세요?"

"그것보다, 사람들이 바라는 제 모습이 있는 거 같아요."
"어떤 모습을 바라는 거 같아요?"
"영웅의 모습요."

숙희 씨는 전부터 주변에서 글을 쓰라는 권유를 많이 받았었다고 했다. 특히 장차연을 나오고 지금의 재판을 하는 힘든 과정에 대해서 글을 쓰라고 했을 때 처음에는 재판기록을 보는 것도 고통스러운데, 그걸 다시 글로 표현하는 것을 하고 싶지 않았다고 했다. 그런데 지금 책을 내는 일을 하면서 주변에 이야기를 하니까 모두들 그 책이 언제 나오냐는 관심을 보일 때 그 기대가 좋고도 부담스럽다고 했다.

"네, 이런 힘든 재판을 다 이겨내고, 피해자에서 생존자가 된 모습을요."
"그렇게 이겨내고 있잖아요. 그런데 어떤 부분에서 부담스러울까요?"
"제가 힘들다는 이야기를 제가 직접 말하는 게 너무 쑥스럽고, 생색내는 거 같고 그래요."

숙희 씨는 사람들이 자신에게 바라는 모습이 무엇인지 알지만 지금은 성폭력 피해자로서의 자기의 힘듦도 솔직하게 말하고 싶다고 했다. 아울러 인간 고숙희가 갖고 있는 다층적인 면도 드러내고 싶다고. 하지만 자신이 글을 쓰면서 여전히 숨기고 싶은 부분이 많고, 그러다 보면 마치 자신이 이 일에 대해서 여전사의 마음으로 다 해낸 거처럼 적을 거 같다고 했다.

"숙희 씨가 저에게 그 이야기를 계속 말하셨어요. 사람들이 기대하는 모습은 여전사의 모습 같다. 싸우고, 이기고. 그런데 이 일을 겪으면서 정말 힘들고, 아프고, 외롭고, 두렵고, 그런 모습들을 숙희 씨도 드러내지 못하고, 사람들도 말하지 않으니까 다 괜찮은 줄 안다. 그것이 서운할 때가 있다~"

"맞아요."

숙희 씨가 지금 이 이야기를 하는 마음을 읽고 싶었다. 숙희 씨가 태어나서 자란 환경들, 그리고 지금까지의 과정은 한 개인이 어떻게 그 모든 역경을 이겨냈는가 하는 부분에서 놀라운 이야기들이 담겨 있었다. 그렇게 이겨낸 부분만을 이야기한다면 숙희 씨의 한 부분만이 부각될 수 있었다.

"저는 지금의 저를 발견해 가는 게 좋거든요."

사람들이 보는 강한 나가 있지만, 여전히 힘들고 잠들지 못하는 숙희 씨도 있고, 작은 액세서리를 사고 행복해하면서 내 것까지 샀다고 들고 와서 수줍게 건네는 숙희 씨가 있었다. 그렇게 다양한 숙희 씨의 모습을 자신이 하나하나 쓰기보다, 지금 상담을 하면서 발견해 가는 자신을 적고 싶다고 했다. 그리고 그 이야기를 자신이 쓰는 것보다, 상담사인 나와 함께 써가면 어떨까 하는 생각이 들었다고 했다.

숙희 씨의 이야기를 듣고 잠시 생각했다. 상담에서 보인 숙희 씨를 드러낸다는 건 어쩌면 더 큰 용기가 필요하다는 걸 알고 있었다. 모두가 박수를 쳐주고, 환호해 줄 때 숙희 씨는 보여지는 자신과 보이고 싶은 자신, 그리고 진짜 자신에 대해서 고민했다는 것에 난 진심으로 박수를 보내고 싶었다.

예상하지 못한 숙희 씨의 제의에 잠시 고민했다. 어떤 글이 나올까, 알 수 없었다. 하지만 한번 해보자는 생각이 들었다.

"좋아요. 한번 해봐요. 숙희 씨에게도 저에게도 좋은 도전이 될 거 같거든요."

진정한 독립은
이제부터

    4월, 봄이 깊어가는데 숙희 씨의 일상은 여전히 재판에 얽매여 있었다. 그중에서 가해자 A는 1심 판결 직후 바로 항소를 했지만, 2심 재판의 시작이 아직도 생각보다 지연되고 있었다. 2심은 1심보다 빠르게 진행될 수 있으나, 사건 복잡성이나 법원의 업무량에 따라 6개월에서 1년 정도 소요될 수 있다고 한다. 가해자 A의 2심 재판 진행 상황도 예측할 수 없는 상황이었다.

    가해자 A의 항소보다 지금 숙희 씨가 신경을 쓰는 재판은 가해자 B의 재판이었다. 가해자 A에 비해 가해자 B의 경우에는 직접적인 목격자가 없기에 재판의 공방쟁점에서 무엇보다 피해자의 사건 당시의 기억과 진술의 정확성을 따질 수 있기에, 이 재판에 증인으로 나가기로 결심을 한 뒤 숙희 씨에게는 여러 가지로 더 심적인 부담이 있는 상황이었다.

보통 성폭력 사건의 경우에는 피해자를 보호하기 위해 비공개 재판을 하거나, 영상증언을 하는 경우가 많다. 그렇지만 숙희 씨는 현장에 가서 직접 증언을 하겠다고 결심한 상태였다. 다만 가해자 앞에 가림막을 설치해 달라고 요청했다고 한다.

재판에 나가서 증언을 할 경우 온전히 기억력에 의지해서 말을 해야 하기에 사건이 발생할 시점에 있었던 일들에 대해서 다시 한번 기억을 되새겨야 한다. 그 과정이 숙희 씨는 너무도 고통스럽다고 했다. 잊어버리고 싶은데, 잊지 못하게 되는 상황이었다. 빨리 재판이 끝나서 재판기록을 보고 싶지 않다고, 그냥 그 일들을 지워버리고 싶은 마음이 간절하다고 했다.

"가해자 A의 주장에서 제일 어이가 없었던 건 저에게 인지장애가 있다고 한 거였어요. 그런데 가해자 B는 아예 성폭력 자체가 없었다고 하네요."

가해자 B는 자신도 뇌병변장애가 있고, 그래서 숙희 씨가 성폭력이라고 주장하는 것은 자신의 불수의적 움직임에 의한 터치일 뿐이지 고의성이 없었다고 주장하고 있었다. 불수의적 움직임은 자신의 의지와 상관없이 무의식적으로 발생하는 신체 움직임을 말한다. 주로 의식적 통제가 불가능한 근육 움직임으로 나타나는데 숙희 씨도 일상에서 이런 불수의적 움직임으로 인해 전동휠체어를 운전해 가다가 조이스틱을 갑자기 잡아당겨서 인도에서 차도로 넘어진 적도 여러 번 있어서, 길을 이동할 때는 차도로 이동할 정도라고 했다.

숙희 씨는 이러한 가해자 B의 주장에 대해 불수의적 움직임으로 그렇게 특정부위 터치하기를 반복한다는 것이 어렵다고 주장하고 있었다.

"요즘은 뭔가 열심히 하고 있는 거 같은데 집에 가면 멍해요. 지금 내 삶이 정말 나아지고 있나 이런 생각도 하구요."

"2021년에 재판을 시작했을 때 어떻게 될 거라고 예상했던 게 있을까요?"

"가해자들이 이렇게 질질 끌지 몰랐고, 장차연이 저를 내칠지도 몰랐죠."

"그때는 장차연에 있었고, 조직을 믿는 마음도 있었는데 막상 본격적인 재판을 할 때는 장차연을 나와야 했고, 그럼 지금 숙희 씨의 상황 중 예상했던 건 하나도 없겠네요."

"하나도 없어요. 더하면 더했지."

"숙희 씨 불안하겠어요. 왜냐면 장차연에 있을 때는 예측 가능하지 않았어요?"

숙희 씨는 고개를 끄덕이며 말했다.

"맞아요. 원래 계획대로 움직이는 스타일이었거든요. 이 재판을 시작하기 전에 제가 생각했던 2023년, 2024년이 있었어요."

"어떤 계획이 있었어요?"

"탈시설을 기념해서 책을 내자는 마음에서 책디자인을 해줄 작가 분도 섭외하고, 제가 글을 빨리 칠 수 없으니까 타자를 해줄 사람도 구하고."

 재판을 시작하고부터는 숙희 씨의 삶이 숙희 씨가 예상할 수 없는 대로 흘러가고 있다고 했다.

 "저는 뭔가 한 가지를 시작하면 그걸 완전히 끝장을 내야 하거든요. 한번 시작하면 완전히 끝장을 봐서 초토화를 시켜야 해요. 그것만 생각해요. 그래도 상담을 받으면서 그것 말고 다른 것도 생각하게 된 거 같아요."

 숙희 씨가 2021년 첫 재판을 시작할 때는 2022년에 재판이 끝나고, 그리고 재판을 하는 동안에는 오직 재판에만 몰두를 하고, 재판이 끝나고 나면 그다음 일을 계획해서 하면 된다는 마음이었다고 한다. 하지만 참 세상일은 그렇게 뜻대로 흘러가지 않았다. 이 재판을 4년째 하고 있으니 충분히 지칠 만했다. 재판을 하면서 이 시간 동안 자신이 잃어가고만 있지 않나 하는 생각이 들 때가 있다고 했다.

 "재판 시작 전과 지금, 잃은 것과 얻은 건 뭘까요?"

 "사람을 몽땅 잃고, 또 새로운 사람을 얻었어요."

 동지라고 믿었던 사람들은 다 잃었고, 생각지도 못한 지원군들을 얻었다고 한다.

 "아, 저를 위해 돈을 쓰네요."

 "그럼 그전에는 도대체 어디에 돈을 쓴 거예요?"

 "장차연에 썼어요. 밖에서 이용자를 만나 상담을 하게 되면 카페나 밥집을 가야 하는 경우가 있거든요. 그러면 당연히 제가 돈을 썼어요. 그리고 투쟁 현장이나 농성장에 가면 또 제가 돈을 써야 하구요. 조직에 내부기한 쓰고 청구하면 되는데 그것도 제 일이니까 그냥 청구를 안 할 때가 많았죠."

"그런데 팽당했네요."

라는 말도 웃으며 할 수 있는 여유가 생겼다. 맞다고 하면서. 숙희 씨의 마음에 이제 지난날의 자신을 돌아볼 진짜 여유가 생겼다는 걸 말해주는 거 같았다.

"또 있어요. 전에는 제가 부탁하러 다녔다면 이제는 사람들이 저를 불러줘요. 강연을 해달라고 하고, 아 돈도 전보다 잘 벌어요."

"와 엄청난 변화네요."

"제가 했던 말이 있거든요. 독립을 했다. 저는 탈시설을 하고 그 기간을 자립이라고 생각했어요. 그런데 장차연을 나오고 나서는 독립을 했다! 진짜 혼자 일어난 거죠."

"그럼 지금 숙희 씨만의 독립운동을 하고 있는 거네요."

"유진 쌤이 저에게 이기적으로 살아라, 저는 그 말이 진짜 와닿았어요. 저는 이 말이 너무도 좋아요. 이기적으로 살아라, 너만을 위해 살아라 하는 상담이 없었어요. 그런데 유진 쌤이 해주고, 저는 그게 진짜 충격이었고 기억에 남았어요."

숙희 씨가 처음에 상담을 시작할 때 이 말을 듣고 집으로 가는데 뭔가 머리를 한 대 맞은 듯한 느낌이 들었다고 한다. 그러면서 아 나를 위해 살아도 되는구나, 그래 나를 위해 살아야지! 이제는 나를 희생하면서 다른 사람을 위해 살지는 않겠다고 결심했다고 한다.

"숙희 씨는 언제나 나보다 타인을 먼저 생각하고 살아야 한다고 믿었고, 왜 그래야 하는지 한 번도 스스로에게 질문을 해보지 않으셨거든요. 지금은 만약 남을 위해서만 살아야 한다는 말을 들으면 어떠실 거 같아요?"

"내가 왜? 무엇을 위해서?"

"맞아요. 남을 위하지 말자가 아니라, 그 어떤 일을 하든 내가 그 일을 하는 이유와 목적을 알 때 그 일의 진짜 의미를 알 거 같거든요. 그래야 내가 주체가 될 수 있는 거 같아요."

누군가가 숙희 씨에게 "개인보다 전체를 위해 살아야 한다."고 직접 말한 적은 없었다. 하지만 조직생활을 하며 무언으로 '함께해야 한다.', '나보다는 조직이 우선이다.'라는 믿음을 가지게 되었다. 숙희 씨는 정말 그렇게 살아야 한다고 믿었다. 그런 숙희 씨는 장차연을 나오면서 자신을 위해 사는 것을 고민하면서도 여전히 자신만을 위해 산다는 것에 대한 죄책감도 가지고 있었다. 이기적으로 사세요! 그래도 돼요! 아니 지금은 그래야 해요! 그 말을 듣고 숙희 씨는 놀라면서도 속이 뻥 뚫린 기분이었다고 했다. 그 순간, 오랜 시간 숙희 씨를 옥죄어 오던 무언가를 조금은 내려놓을 수 있겠다는 생각이 들었다. 그리고 그 말로 상담을 계속 받아야겠다는 결심을 하게 되었다고 한다.

이제는 내 시간과 나를
아끼며 살아가기

　매주 숙희 씨를 만나면 사건 하나쯤은 일어나기 마련이었다. 숙희 씨의 삶은 그렇게 다이내믹하고 일이 많았다. 이번 주엔 꽤 어이없는 일이 있었다며 오래전 같은 시설에서 생활하다 탈시설을 한 친구에게서 몇 년 만에 연락이 왔다고 했다. 좋은 일도 아니고, "죽고 싶다."는 문자여서 혹시 이 문자를 외면했다가 정말 안 좋은 일이 생길까 봐 마음이 쓰여 멀리까지 친구의 집을 찾아갔다고 한다.
　밤 10시에 도착해 새벽 3시까지 이야기를 듣고 집에 오니 어느새 새벽 5시. 수면제를 먹지 않으면 잠을 못 잔다는 친구가 약 없이 잠이 드는 걸 확인한 후에야 택시를 타고 집에 도착하니 뭔가 슬슬 열이 오르는 걸 느꼈다. 친구가 죽고 싶다는 문자를 보내서 급히 갔는데 막상 가보니 그렇게 힘들어 보이지 않았다. 그래도 어떤 일이 있었기에 정말 죽고 싶었는지 궁금해하며 이야기를 들어보니 최근 인간관계에서 생긴 사소한 불편함을 털어놓는 게 전부였다.

"아주 가까운 사이셨어요?"

"시설에서 그렇게 가깝게 지내지는 않았던 거 같구요. 시설을 나오고 어느 날 연락이 왔어요."

시설을 나와 장차연 활동을 열심히 하며 지내던 중 그 친구에게 연락이 왔다고 한다. 친구는 시설에 있는 동안 숙희 씨에게 상처를 많이 받았다며 사과를 요구했다고 했다. 기억이 뚜렷하진 않지만 시설에서 자신이 까칠했던 걸 생각하니 친구가 상처를 받았다면 자신이 기억을 못 하더라도 사과를 하는 게 맞다는 생각이 들었다고 한다.

그 뒤로도 가끔 연락이 오더니 이번에는 여러 가지 부탁을 해왔다고 한다.

"그럼 예전에도 이렇게 부탁을 하면 다 들어주신 거예요?"

"네."

"왜요?"

숙희 씨는 잠시 말을 잃었다가 대답했다.

"그래야 한다고 생각했어요."

한참 뒤에야 숙희 씨는 그렇게 말했다.

"그러니까 또 연락하죠. 이제 부탁했는데 안 해주면 사람이 변했다, 나를 무시한다 그럴걸요."

"맞아요. 그날 집으로 돌아오고 다시 전화가 와서 다른 일을 부탁하기에 거절했거든요. 그랬더니 알고 지냈던 어떤 오빠에게 바로 연락이 왔어요. 숙희 니 그러면 안 된다고 해서 왜 그렇게 이야기하냐고 물어보니까, 그 친구가 제가 거절한 것에 대해서 안 좋은 이야기를 했나 봐요. 제가 재판을 하고부터는 습관처럼 녹음을 다 하거든요. 그래서 그 오빠에게도 녹음파일을 보내줬어요. 판단해 보라고요. 그랬더니 그 오빠가 한쪽 말만 듣고 판단해서 미안하다고 하더라구요."

그 오빠의 사과에도 불구하고 마음이 무거웠다고 한다.

"숙희 씨는 '내가 잘해주면 상대가 진심을 알아줄 거다.'라고 믿고 계신 것 같아요."

"네."

"그런데 알아줬어요?"

"아뇨."

"그런데 왜 계속 그렇게 하세요?"

숙희 씨는 잠시 말이 없었다.

"하루를 몽땅 그 친구에게 쓴 거잖아요. 내 시간과 택시비까지 다 쓰고, 결국 고맙다는 말 대신 숙희 씨가 변했다는 소리를 들었죠. 억울하지 않으세요?"

숙희 씨는 예전에는 이런 억울함조차 느끼지 않았다고 했다.

"예전에는 다 해줬을 거예요. 왜 그랬을까요?"

"다른 사람을 항상 도와줘야 한다고 믿었어요."

"그런데 상대는 숙희 씨를 안 도와줘도요?"

"다른 사람도 도와줄 거라고 믿었죠. 그런데 안 도와줬네요."

옛날의 숙희 씨라면 친구의 요구를 다 들어주며 자신이 도움을 준 사실에 뿌듯함을 느꼈을 것이다. 하지만 이제는 뭔가 손해 보는 느낌도 들고, 끝까지 도와주었을 때보다 오히려 더 불편한 감정이 남았다.

"도와주면서 어떤 보상을 바라는 건 아니잖아요. 그런데 그래도 내 마음을 알아줄 거야 하고 기대하는 마음이 있는데, 상대는 전혀 그런 마음이 아니라는 걸 확인할 때 씁쓸하죠. 그런데 도와줬으면 좋은 일 하신 거잖아요. 자책할 필요는 없을 거 같아요."

친구가 보낸 죽고 싶다는 문자를 받고, 무심히 넘기란 쉽지 않다. 놀란 마음에 급히 달려가 보니, 이런저런 푸념만 늘어놓고 누군가의 감정 쓰레기통이 되었다는 생각이 든다면 돌아오는 길은 허탈할 수밖에 없다.

"그런데 또 죽는다고 문자가 오면 어떡하죠?"

그 질문에 숙희 씨는 고개를 떨구었다. 자신에게 힘들다는 사람을 외면하기란 힘들어 보였다.

"처음에는 놀라서 달려가고, 두세 번 반복되다 보면 '아니구나.' 하고 다음에는 외면하고 그러다 큰일이라도 생기면 어떻게 해요?"

힘든 사람들을 만나는 일이 잦은 숙희 씨에겐 이런 일이 또 생기지 않을 거라는 보장이 없었다.

"책임질 수 있는 분에게 연결하는 게 어떨까요? 숙희 씨가 도와주고 싶은 마음은 좋지만 내가 할 수 있는 선을 정해놓는 것도 필요

할 거 같아요."

 숙희 씨는 힘든 이들을 만나면 늘 그 문제를 해결해 주는 입장 쪽에 서왔다. 장차연에서의 숙희 씨는 24시간 장애인 인권 운동가 고숙희로 자기 자신보다 다른 사람의 불편을 먼저 해결해 줘야 한다는 믿음으로 살았다. 하지만 이제는 그렇게 살 수 없었다. 이제는 어떻게 사는 것이 정말 고숙희로 사는 것인지, 그 부분에 대해 더 명확하게 생각해 볼 필요가 있었다.

제6장

고숙희의 장애인 인권 운동

숙희 씨의
장차연에서의 8년!

숙희 씨에게 장차연에서 8년 동안 했던 일에 대해서 간략하게라도 정리를 해달라고 여러 번 요청했었다. 숙희 씨가 일해오던 방식으로 보자면 그때 어떤 일을 했는지 정리가 안 되어 있을 리가 없었다. 하지만 선뜻 그때의 자료를 보내지 않았었다. 그런데 상담이 진행되고 조금씩 자신이 했던 일에 대해서 스스로 의미를 부여하게 되자, 8년 동안의 활동을 정리한 글을 보내주었다.

3대 적폐 완전폐지 부산공동행동: 부산의 거리에서 외치다

장애등급제 · 부양의무제 · 장애인 수용시설 폐지를 위한 선전전을 매주 수요일 저녁 6시부터 8시까지 서면 환승통로에서 했다.

내가 2014년 4월부터 장애인자립생활센터 활동과 함께 부산장차연에서 맡은 첫 업무이기도 했다.

선전전을 하기 위해선 한 달에 한 번씩 부산진경찰서 정보과에 가서 집회 신고를 해야 한다. 초기엔 집행위원장이 집회신고를 하다, 어느 순간부터 자연스럽게 집회신고도 내가 맡게 되었다. 처음엔 혼자 경찰서에 가서 무언가를 해야 된다는 것이 괜히 무서웠다. 그런데 그것도 한두 번 하다 보니 아무렇지 않았다.

3대 적폐 완전폐지 선전전은 중앙인 서울을 제외하고 지역에서 매주 꾸준히 선전전을 하는 곳이 부산뿐이었다. 그래서 나는 3대 적폐 완전폐지 선전전 하면 부산, 부산 장애인 인권 활동, 부산장차연을 떠올리게끔 부산장차연 역사에 남았으면 해서 더 열심히 선전전을 이어나간 거 같다. 선전전은 내가 부산장차연 활동을 시작한 2014년부터 2019년 말, 코로나19가 터지기 전까지 진행했다.

3대 적폐는 장애등급제, 부양의무제, 장애인 수용시설을 말한다. 장애등급제는 장애인을 등급에 따라 구분하는 제도다. 이 제도는 장애 정도에 따라 필요한 서비스나 지원을 차등 제공 하기 위해 설계되었다. 장애등급제는 장애인의 신체적 또는 정신적 장애의 심각성을 기준으로 1급에서 6급까지 나누어, 각 등급에 맞는 복지 및 지원 서비스를 제공하는 방식을 말한다. 1급이 가장 중증이고, 6급은 상대적으로 경미한 장애를 나타낸다. 이런 장애등급제에 대해서 숙희 씨는 "아니 장애인이 돼지고기도 아니고, 등급을 매기고 있다."는 말로, 이 등급제에 대한 생각을 단적으로 표현하였다. 2019년 7월부터는 장애등급제를 폐지하고 장애 정도에 따라 중증과 경증으로 나누는 방식으로 변경되었다.

부양의무제는 복지 지원을 받을 때 신청자의 가족, 즉 부양의무자 그러니까 부모, 자녀, 배우자 등의 소득이나 재산을 기준으로 지원 여부를 결정하는 제도를 말한다. 이 제도의 폐지를 주장했던 이유는 신청자가 경제적으로 어려운 상황에 있더라도 부양의무자가 일정 수준 이상의 소득이나 재산을 보유하고 있으면 복지 혜택을 받을 수 없기 때문이다. 복지 제도가 가난한 가정에 집중되도록 하려는 목적에서 도입되었지만 가족관계가 단절되거나, 실제로 부양의무자가 부양을 할 수 없는 경우에도 제도상으로는 지원 대상에서 제외되는 상황이 발생하고, 정말 지원이 필요한 장애인이 복지 혜택을 못 받는 경우가 생기는 문제점이 발생하기에 부양의무제 폐지를 주장했었다. 현재는 생계급여에서의 부양의무자 기준이 폐지되었고, 의료급여에서는 일부 완화되었으나 여전히 적용되고 있다.

장애인 수용시설은 장애인을 위한 집단 거주시설로 장애인들의 일상생활과 재활을 지원하기 위해 만들어졌지만, 일부 시설에서 인권 침해, 생활의 자유 부족, 외부와의 단절 등의 문제가 발생하면서 장애인의 자립성과 인간다운 삶을 저해한다는 비판을 받아왔다. 특히 이 부분에서 숙희 씨는 태어나면서부터 시설에서 자라야 했고, 시설에서의 삶이 어떠한지에 대해 누구보다도 잘 알고 있기에, 장애인 수용시설 폐지를 강력하게 지지하는 쪽이었다고 한다.

숙희 씨의 탈시설도 장애인 스스로 자립성을 확보하려는 노력으로 볼 수 있다. 최근에는 이 탈시설이 또 다른 부분에서의 시설화[8]가 된다는 우려가 있는 것도 사실이다.

장애인생존권을 위한 420장애인차별철폐 부산공동투쟁실천단의 투쟁[9]

매년 4월 20일을 기점으로 장애인 및 시민단체들이 연대체를 꾸려 장애인 생존권 보장을 위한 투쟁 활동 및 노숙농성 투쟁을 한다. 업무는 상임공동

---

8) 탈시설 후 자립이 어려운 장애인들이 다시 소규모 그룹홈이나 지원 주택 같은 집단 생활 형태로 배치되는 경우가 많다. 이 새로운 환경도 여전히 다른 사람들과 함께 생활하며 제한된 자율성 아래 놓일 수 있어, 기존 시설과 크게 다르지 않게 느껴질 수가 있다. 탈시설의 본래 취지인 개인화된 자립과 거리가 멀어지게 된다(출처: 위키피디아).

9) 420장애인차별철폐 운동은 한국에서 매년 장애인의 날 4월 20일을 중심으로 진행되는 장애인 인권 운동이다. 이 운동은 장애인의 권리 보장과 차별철폐를 요구하며, 장애인의 인간다운 삶을 위해 제도적, 사회적 개선을 촉구한다.
420장애인차별철폐 운동은 장애인들이 직면한 다양한 문제와 함께 장애인들이 시설에서 벗어나서 자립할 수 있도록 장애인 복지 정책의 개선을 요구하는 것도 중요한 목표 중에 하나이다.
이 운동은 장애인 인권 단체와 활동가들의 연대 아래 이루어지며, 시위, 집회, 토론회, 정책 제안 등의 다양한 형태로 펼쳐진다. 이러한 활동을 통해 장애인들의 현실을 사회 전반에 알리고 정책 입안자들에게 변화를 촉구하는 중요한 역할을 한다.
420장애인차별철폐 운동은 단순히 장애인 복지 개선에 그치지 않고, 장애인이 차별 없이 동등한 사회 구성원으로 존중받고 살아갈 수 있는 사회를 만들기 위해 전반적인 인식 변화와 정책 변화를 목표로 한다. 이 운동은 장애인의 권리를 옹호하고 장애인이 자립적이고 주체적인 삶을 살 수 있도록 변화를 추구하는 중요한 사회적 움직임이라고 할 수 있다(출처: 위키피디아).

대표, 집행위원장, 실무자인 나 이렇게 세 명이 집행부가 되어 투쟁 활동에 전반적 업무 총괄을 하게 된다.

420부산공투단의 장애인생존권 보장을 위한 요구는 거의 매년 비슷하다. 왜냐, 요구안을 부산시에 전달하고 답변을 받아도 정말 조금씩 받아들여지기 때문이다. 또 요구안을 100% 받아들이기까지는 솔직히 많은 시간이 필요한 것이 사실이다.

주요 요구안(총 11개)

1. 장애인 탈시설 권리 보장
- 장애인 탈시설을 위한 주거 지원과 개인별 지원 강화

2. 장애인 자립생활권리 보장
- 장애인 자립생활 지원을 확장하고, 자립기반을 강화

3. 장애인 이동권 보장
- 교통약자의 자유로운 이동을 실현하여 이동권 보장

4. 최중증장애인 노동권 보장
- 권리 중심의 중증장애인 일자리 도입으로 노동권 보장

5. 장애인 건강권 보장
- 장애인의 의료접근성을 강화하여 건강권 보장

6. 장애인 평생교육권리 보장
- 장애인 평생교육 인프라를 구축하고 장애인 교육권 보장

7. 장애인 의사소통권리 보장

- 장애인 의사소통 권리증진을 위한 구체적인 실현 방안 마련

8. 장애포괄적 재난 대응 체계 마련

- 누구도 배제되지 않는 대응 체계를 구축

9. 뇌병변장애인 종합지원체계 마련

- 뇌병변장애인의 생활권을 보장하는 지원 체계 마련

10. 발달장애인 권리 보장

- 발달장애인의 생활권을 보장하고 강화

11. 정신장애인 권리 보장

- 지역사회 자립생활 전환체계 마련하여 정신장애인의 권리 보장

대략 열한 가지의 쟁점으로 부산시에 요구안을 전달하고 부산시와 면담 및 답변을 받을 때까지 거리행진, 부산시청광장 앞에서 무기한 노숙농성 투쟁을 한다. 내가 8년간 활동을 하는 동안 짧게는 22일간, 길게는 69일 동안 한 적도 있다.

노숙농성 투쟁을 하면 주로 천막이 있는 농성장에서 총괄 업무를 본다. 농성장 사수는 낮 사수, 밤 사수 2교대로 돌아간다. 오전 10시부터 밤 10시, 밤 10시부터 오전 10시까지, 이렇게 420부산공투단 연대체 단위들이 돌아가면서 농성장을 사수한다. 그러나 집행부는, 특히 나는 농성장 총괄을 맡았기 때문에 오전 10시부터 밤 10시까지, 늘 부산시청 광장 앞 420부산공투단 농성장에 매일 상주하였고, 밤 사수는 주 2~3회 이상을 했다.

예를 들어 내가 오늘 밤 사수를 해야 된다고 하면, 오늘 오전 10시부터 내일 10시까지 24시간 동안 농성장에 상주한다. 그리고 내일 낮 사수 담당이

오면 그날 나는 잠깐 집에 가서 씻고 점심시간까지 다시 농성장에 복귀한다. 어떨 땐 내가 밤 사수를 하고, 다음 날 회의나, 집회일정이 있으면 잠깐 씻으러 집에도 못 가는 경우에 농성장에 36시간을 상주할 때도 있었다. 뭐 이건 내 업무니까 당연히 해야 되는 일이었다.

농성 기간이 딱 10일 차로 넘어갈 때가 제일 고비였다. 모든 에너지가 방전된 느낌. 농성장에 간이 테이블을 설치해 노트북을 두고 업무를 볼 수 있게 공간을 마련한다. 그 공간이 집행부 사무실이 된다고 보면 된다. 주로 그 공간에서 내가 420공투단 업무를 본다. 아무튼 딱 농성 10일 차가 넘어가고 하루를 마무리할 때쯤이면, 내 노트북 옆에는 테이크아웃한 커피와 에너지 음료를 마신 빈 병들이 4개 이상은 쌓인다. 카페인으로 농성장에서 하루, 하루를 버텼다.

부산시와 420부산공투단이 대화 자리를 갖고 100%는 아니지만, 어느 정도는 받아들일 수 있는 답변서를 받으면 노숙농성 투쟁 마무리와 함께 그해 420부산공투단 해단식을 끝으로 420시즌이 끝났다.

매번 420부산공투단 농성 투쟁은 치열했고, 역사에 남을 것이다. 그중에서 개인적으로 기억에 남는 농성장은 2019년도다. 투쟁의 결과가 제일 좋았지만, 나에겐 생각도 하기 싫은 성폭력을 당해 집행부에게 알렸지만, 묵인했던 그들 때문에 혼자 힘들어했던, 하지만 모든 걸 쏟아부었던, 그 2019년이 420부산공투단 농성의 마지막이 되었다.

숙희 씨가 걸어온 8년의 길은 단순히 장애인 인권을 위한 활동 그 이상의 의미를 가진다. 장차연을 나오고 난 뒤 어느 날 우연히 농성장이 있었던 부산시청 앞을 지나다 농성을 할 때 늘 부딪혔던 공무원분을 보게 되었다. 숙희 씨를 보자 움찔하면서 피하는 모습에 참 독하게도 공무원분들에게 따지고 들었구나 그 생각에 웃음이 나왔다고 한다. 무엇을 위해 그렇게까지 맹렬했나 생각하며 허탈해질 때도 있지만, 가장 뜨거웠던 젊은 날이 그 투쟁 현장에 있었던 것도 부정할 수 없는 사실이라는 걸, 그런 자신의 열정에 대해 그 누구도 아닌 자신이 인정해 주는 것이 무엇보다도 중요하다는 이야기를 하면 가만히 웃기만 하던 숙희 씨였다.

정말 치열한 젊음이 있었던 곳을 어느 날 한순간 쫓겨나듯이 나오게 되었을 때 숙희 씨는 장애인 인권 운동가로서의 자신의 정체성도 부정당했다고 믿었다.

장차연의 굴레를 벗고, 나만의 정체성을 찾아서

숙희 씨에게 장차연은 단순히 직장의 의미가 아니었다. 장차연은 숙희 씨에게 귀속집단(In-group)이었다. 귀속집단은 개인이 소속감을 느끼고 정체성을 공유하는 집단을 말한다. 가족, 친구, 그룹, 동료 등 다양한 형태로 나타날 수 있다. 가족이 없는 무연고 장애인인 숙희 씨에게 장차연이라는 곳은 또 다른 가족의 의미를 갖고 있었다. 장차연에 들어가기 전 숙희 씨는 어떤 사람으로 살아야 할지 어떻게 살아야 할지에 대해서 한 번도 구체적으로 생각해 본 적이 없었다.

장애인 인권 운동가는 숙희 씨가 되고 싶었고, 꿈꾸었던 것이 아니라, 우연히 장차연의 실무를 하면서 그 속에서 자연스럽게 하게 된 일이었다. 그 일을 하면서 비로소 자신이 시설에 있을 때 어린 동생들을 돌봐주면서 그들에게 필요한 존재가 되면서 느꼈던 뿌듯함, 그래서 대학 진학을 유아교육과로 가서 특히 장애아이들에게 도움을 주고 싶다는 꿈을 키웠다는 사실을 떠올렸다. 시설 원장의 저지로 어이없게 좌절된 그 꿈이 장차연에 와서 실현되었다. 숙희 씨는 정말 열심히 일했다. 장애인 인권 운동을 하는 데 필요하다는 권유로 사회복지사 자격증도 따고, 실무를 담당하는 데 필요한 컴퓨터 활용 능력도 독학으로 다 익혔다. 하루 종일 일을 하고, 집에 가서 또 필요한 책을 읽으면서도 피곤한지 몰랐다.

장차연은 철저히 수직구조였다. 숙희 씨는 장차연 대표였던 가해자 B가 지시하는 일을 제대로 해내기 위해서 고군분투하면서 노력했었다. 420투쟁 때와 장차연에서 해야 하는 모든 일에 대해서 한 번도 대충한 적이 없다고 할 만큼 최선을 다했다. 그 안에서 불미스러운 일도 있었다. 숙희 씨는 성폭력이 일상적인 환경에서 살아왔다. 시설에서도 그렇고, 장차연이라는 곳도 숙희 씨가 느끼기에 여성장애인 인권 운동가가 드문 곳이라 성인지감수성이 무척이나 떨어지는 곳이었다. 심지어 가해자를 고소하고 난 다음 같은 조직 안에 있는 분들이 이런 일이 처음 있는 일도 아닌데 새삼스럽게 왜 이렇게 난리를 피우냐고 말할 정도였다.

숙희 씨는 그런 문화를 바꾸려고 노력해 보았지만 정말 중요한 투쟁들이 있는데 괜한 일에 신경을 쓴다는 소리를 들을 뿐이었다. 그러면서도 한 번도 조직을 벗어난다는 생각을 못 했다. 이곳에서 계속 일을 해야 한다고 믿었다. 30대의 자신에 대해서, 40대의 자신에 대해서 막연히 계속 장차연에서 일을 하고 있겠구나 하고 여길 뿐이었다. 미래를 생각할 겨를도 없었다.

"조직에 대한 믿음이 있었어요."

가해자들이 부산 장애인 인권 운동판에서 거물급이지만 그래도 그들이 잘못을 했고, 진정한 사과를 하지 않고 심지어 가해자 A는 셀프 고발[10]까지 한 상황이라 가만히 있을 수 없다는 생각이 들었다. 고소를 결정하게 된 가장 큰 원동력은 분노였다. 가해자들이 진정으로 사과하기를 바랐지만 그들은 그 상황에서 벗어나려고만 했다. 고소를 결정하고 재판을 진행하는 과정에서의 일들은 모두 숙희 씨의 예상을 다 벗어났다. 숙희 씨는 가해자 B에 의해 권고사직을 당하고, 평생을 일할 거라고 믿었던 조직에서 쫓겨나듯이 나오게 되었다.

숙희 씨의 귀속집단이 사라져 버린 것이다. 이제까지 자신이 만들어온 정체성도 집단을 나오면서 사라져 버렸다. 이제 숙희 씨에게는 성폭력 피해자라는 정체성이 생겨버렸다.

"나에게 이곳은 모든 것이었는데, 조직에서의 저는 그냥 버려도 되는 물건과 같은 존재였구나 하는 생각이 들었어요."

그러면서 조직에서 일했던 자료들을 다 챙겨 나왔다. 8년간 일한

---

10) 가해자가 스스로 자신의 행위를 공표하거나 알리는 행동을 뜻한다. 이 경우 가해자는 자신의 행동을 스스로 고발함으로써 법적, 도덕적 책임을 회피하려는 의도로 보이며, 피해자인 숙희 씨에게는 정식 절차를 통해 사건을 해결하고자 하는 결단을 내리게 한 계기가 되었다(출처: 위키피디아).

것이 자원봉사를 한 것에 지나지 않다고 하니까, 인수인계도 할 필요도 없다고 빨리 나가라고 했으니까, 이 자료들도 필요 없겠구나 하는 마음에서 다 챙겨 나왔다.

그런데 숙희 씨가 나가고 난 다음 해마다 맹렬하게 진행했던 420투쟁도 멈춰버렸다. 장차연이 그야말로 멈춰버린 것이다. 조직은 숙희 씨만 조직에서 나가면 된다고 생각했던 것일까? 조직에 남아 있던 사람들은 숙희 씨를 조직을 와해하려는 사람으로 보는 듯했다. 특히나 숙희 씨의 이야기가 방송에 나가고 난 뒤에는 그야말로 엄청난 2차 가해를 당해야 했다.

"외출도 못 했어요. 심지어는 누가 나를 죽이러 오는 건 아닐까 하는 생각에 경찰에 신변보호를 요청했어요."

길을 가다 휠체어를 탄 장애인을 보면 예전에는 동지였는데, 혹시 미행하는 사람인가 하는 의심부터 하게 되었다.

2021년 고소를 하면서 이 긴 재판이 시작되었다.

"재판이 1년 만에 끝날 거라고 생각했거든요. 이렇게 끝없이 계속될 거라고는 생각도 못 했어요."

성폭력 사건의 경우 일반적으로 1심 판결까지 6개월에서 1년 정도 걸리는 경우가 많다. 물론 상황에 따라서 더 오래 걸릴 수 있다. 하지만 숙희 씨의 경우처럼 1심 판결까지 4년이 걸리는 건 정말 흔치 않은 일이었다. 그만큼 숙희 씨 사건이 복잡하고 쟁점이 많았다는 의미일 것이다. 이 4년 동안 이 싸움을 지속해 오고 있다는 것만으로 대단한 인내와 용기를 보여주고 있는 거라고 할 수 있었다.

숙희 씨는 장차연에 있을 때 자신은 다른 장애인의 눈에 부러움의 대상이라고 생각했다. 탈시설을 해서 자기만의 공간을 갖고 사는 것, 그리고 기초수급으로 받는 돈과 장차연에서 받는 월급을 합하면 다른 장애인들의 수입과 비교해도 괜찮았다. 그런데 재판을 하고 있는 지금은 그 모든 것이 사라져 버린 상황이 되었다. 무엇보다 같은 장애인들에게 이 재판에 대해서 끝없이 오해를 받고 있는 것도 숙희 씨가 꼭 재판에서 이겨야 하는 이유가 되었다. 그 오해가 무엇이냐고 숙희 씨에게 질문한 적이 있었다.

"제 의지가 아니라고 생각하는 거 같아요. 권력 다툼으로 본다고 할까요? 그리고 제가 조직을 와해하려는 어떤 불순한 의도를 가지고 있지도 않은 일을 만들어서 고소를 한다고 생각하는 장애인분들도 많았어요."

재판에서 꼭 승소해서, 정말 내가 주장한 건 사실이었다, 그들은 정말 가해자였다는 걸 증명하면서 진실을 밝히는 것이 무엇보다도 중요한 이유가 여기에 있었다.

새롭게 만들어 가는 정체성!

숙희 씨와의 상담에서 숙희 씨가 어떤 정체성으로 살아왔는지, 그리고 앞으로 어떻게 자신의 정체성을 만들어 갈 것인가 하는 것이 가장 중요한 부분이었다. 한 사람의 삶에서 정체성은 자신을 이해하고 세상에서 자신의 위치를 규정하는 중요한 틀이라고 할 수 있다. 정체성은 한 개인의 특성이나 역할을 넘어, 삶의 방향과 목적, 그리고 자기 자신에 대한 신념과 가치를 포함한다. 정체성을 통해 사람들은 자신이 누구인지, 무엇을 중요하게 여기는지, 그리고 무엇을 위해 살아가고 있는지를 파악하게 된다. 장차연에서 장애인 인권 운동가로 활동하던 고숙희가 성폭력 피해자가 되었고, 그렇다면 이제 고숙희는 어떤 정체성으로 앞으로 살아가야 하나. 상담을 통해서 숙희 씨가 자신의 새로운 정체성을 어떻게 만들어 갈 수 있을까.

정체성에 대해 고민하고 있을 때 쿠팡플레이에서 방송된 〈안나〉라는 드라마를 보게 되었다. 이 드라마는 2022년 6월에 6부작으로 구성되었고 배우 수지가 주연을 맡았었다. 정한아 작가의 장편소설 《친밀한 이방인》을 원작으로 하고 있다. 드라마를 간단히 소개하자면 〈안나〉는 사소한 거짓말로 시작된 주인공 유미의 이야기를 그리고 있다. 가난한 환경에서 자라며 우연히 부유한 여성 현주의 신분을 도용하여 유미는 '안나'라는 새로운 인생을 살게 된다. 그러나 점차 그녀의 거짓된 삶은 그녀를 위기로 몰아넣게 된다. 이 드라마는 인간의 욕망과 정체성에 대한 깊이 있는 탐구로 시청자들의 호평을 받았다. 내가 이 드라마에 주목한 것은 한 사람의 삶에서 정체성이 얼마나 중요한지 말해주고 있다는 점이었다. 물론 거짓된 정체성을 쌓아가는 안나가 된 유미와는 반대로 숙희 씨는 진정한 자신의 정체성을 찾아가려고 하고 그것을 새롭게 만들어 가는 과정에 있다.

자신이 어떤 사람이라고 믿는 것에 따라서 한 사람의 삶은 완전히 달라진다. 유미는 자신이 현주가 가진 좋은 학벌을 이용했기에 그 모든 일을 할 수 있다고 믿었을지 모른다. 정말 자신에게 그 일을 할 수 있다는 능력이 있다는 사실을 알지 못했다. 그와 마찬가지로 숙희 씨 역시 장차연 안에서 그 많은 일을 할 수 있었던 것은 고숙희라는 사람이 가진 역량이 있었기에 가능했는데, 한 번도 그런 자신에 대해서 진지하게 생각해 보거나 주변에서 인정받는 기회를 얻지 못했었다.

숙희 씨는 장차연에서 자신이 했던 일에 대해서 그 의미와 가치를 제대로 부여하지 못하고 있었고, 새롭게 자신의 정체성을 만드는 것을 재판 후로 미루고 있었다.

상담사: 숙희 씨가 생각하는 수키로 살고 싶다고 하셨잖아요. 수키로 산다는 게 어떤 의미인가요?

숙희 씨: 사람들에게 저를 소개할 때 고숙희입니다, 하지 않고 저는 그냥 성을 빼고 수키입니다. 이렇게 저를 소개하거든요. 고숙희가 아니라 수키로 산다는 건 이제까지 내가 살아왔던 모습과는 다르게 살고 싶다! 그런 저를 표현하는 말이거든요. 그냥 저에게는 타이틀이 있잖아요. 무연고 장애, 탈시설 장애자, 부산장차연 활동을 했던 활동가. 이것들은 다 내가 원해서 한 게 아니잖아요. 그냥 저절로 따라온 거예요.

상담사: 근데 탈시설은 그래도 숙희 씨가 원해서 한 거 아니에요?

숙희 씨: 그런데 탈시설 용어도 뭔가 틀이 정해져 있어요. 탈시설을 했으면 무조건 내 인생을 사는 거다, 거의 그렇게 센터에서 세뇌를 당해요. 그래서 저는 제가 어쨌든 이 사건을, 이 사건이 없으면 뼈 빠지게 일하고 있었겠지요, 저는 그게 최선일 줄 알았어요.

상담사: 숙희 씨가 그런 이야기를 한 적이 있어요. 같은 장애인이지만 숙희 씨가 이 일이 있고, 일반인들과 같이 이렇게 어울리고 상담을 받는 것에 대해서 좋지 않게 이야기하는 것을 들었다고.

숙희 씨: 장애인은 장애인끼리만 있어야 한다, 은근히 그런 믿음이 있는 거 같아요. 저는 뭔가 그런 틀들, 그러니까 그래야 한다고 믿는 것들을 깨고 싶었어요.

상담사: 숙희 씨가 상담사로 일할 때 어차피 혼자 사는 인생이다, 혼자 살 수 있어야 한다, 이런 말을 하면 듣는 분들이 싫어했다고 했잖아요.

숙희 씨: 뭔가 함께 살 수 있다, 도와줄 수 있다 이런 부분을 강조해서 상담을 하라고 했어요. 더불어가 붙었어요. 더불어, 같이, 함께.

그런데 그 더불어가 정말 숙희 씨에게 힘든 일이 생겼을 때는 말뿐이라는 걸 숙희 씨는 그곳을 나오면서 알게 되었다.

상담사: 제가 숙희 씨와 상담을 하면서 숙희 씨가 장차연에서 했던 일

	이 어떤 일인지 알고 싶어서 질문을 계속 했잖아요. 숙희 씨가 설명을 해줬는데도 한동안 제대로 파악을 못 했던 거 같아요.
숙희 씨:	맞아요.
상담사:	왜 그렇게 이해를 못했을까 생각을 하니까, 제가 머릿속에 그린 사무실의 이미지, 그리고 숙희 씨가 했다는 일의 규모가 혼자 할 수 없는 규모여서 그랬던 거 같아요.
숙희 씨:	일이 진짜 많아요. 위에서 420투쟁 때 어떤 걸 하라는 지시가 내려와요. 그러면 거기에 대한 세부계획을 세우고, 부산에 있는 장애인 단체들에 다 연락을 해야 해요. 또 투쟁 때 밥도 먹어야 하니까 도시락 주문도 하고, 전기도 써야 하니까 이게 또 부산 지하철 노조에 가서 사바사바를 해요. 만약에 안 될 때가 있어요. 그래도 농성장은 돌아가야 해요. 그럼 발전기 기름을 부어가지고 땡겨가지고 했어요.
상담사:	그럼 이게 문제가 생기면 다 숙희 씨가 책임을 져야 하는 거죠?
숙희 씨:	그렇죠. 발전기 기름이 떨어지면 주변 주유소에 가서 기름을 사서, 다시 발전기를 돌려요. 제가 기름통을 들고 계속 오니까 주유소에서는 아니 저 아가씨는 뭐 하는 사람인데 맨날 기름통 들고 오냐고.
상담사:	와, 무시무시한 사람이 되는 거네요. 최장 농성기간이 69일이라고 했으니까 그럼 준비하고 그러려면 거의 잠도 못 자겠네요. 야근수당 이런 것도 없잖아요. 휴가는 있어요?

숙희 씨: 아뇨. 우선 농성이 끝나면 해단식이 있거든요. 그걸 준비하구요. 이제 평가회를 준비해야 하는 거죠. 농성 때 영상, 사진 이런 것도 정리를 해야 하구요.

상담사: 평가회는 그야말로 평가잖아요. 그럼 좋은 소리 못 들을 거 같아요.

숙희 씨: 못 듣죠. 평가회 끝나면 또 평가자료를 만들어야 해요. 그걸 만들고 제본을 떠서 넘겨야 하구요.

상담사: 그럼 언제 쉬어요?

숙희 씨: 사실 개인의 시간을 즐긴다 이런 걸 진짜 몰랐어요. 이런 취미를 가질 수 있다 이런 것도 몰랐어요.

상담사: 어떻게 보면 삶을 즐기는 부분?

숙희 씨: 저는 넷플릭스를 보고 그런 거, 그런 게 있다는 것도 몰랐어요. 정말 TV에 나오는 것만 봐야 하는 줄 알았거든요.

넷플릭스에 나오는 드라마를 보고, 좋아하는 맥주 한잔 마시는 여유도 장차연을 나오고 난 다음에 알게 되었다고 한다.

상담사: 그럼 도대체 성폭력 상담사과정연수 100시간은 언제 다 받은 거예요. 그것도 꼭 내 개인을 위해 배운 거 같지가 않거든요.

숙희 씨: 왜 배우게 되었냐면 장차연이 너무 성감수성이 떨어지니까 뭔가 몰라서 그런가 생각했어요. 교육을 하면 되지 않을까, 그러던 차에 부산성폭력상담소에서 이런 교육을 한다는 걸 알

게 된 거예요. 그래서 정말 3개월을 토요일마다 아침 9시부터 밤 10시까지 교육을 받았던 거 같아요.

상담사: 사회복지과도 그래서 간 거예요?

숙희 씨: 장차연에서 전문성을 요하니까 학점은행제를 통해서 다 배웠어요.

상담사: 그렇게 했는데 돈은 얼마를 받았어요?

숙희 씨: 제가 기초수급자니까, 기초수급자가 지금 받고 있는 돈에서 수입이 일정금액 이상이 되면 안 되거든요. 그러니까 거기에 맞춰서 받았으니까.

상담사: 그런데 말이 안 되는 거 같아요. 숙희 씨가 일을 한 걸 보면 한 달에 최소 200 이상은 줘야 하잖아요. 기초수급과 장차연에서 받았던 돈을 합친 거보다 많잖아요. 처음부터 이렇게 줬으면 숙희 씨가 기초수급을 안 받아도 되는 거 아닌가요?

숙희 씨: 제가 기초수급자잖아요. 기초수급자에서 떨어지면 안 된다는 생각이 강했어요. 처음부터 기초수급자를 포기하고 일을 했으면 저도 돈을 더 많이 벌었을 거 같아요.

숙희 씨는 이 모든 일을 한 달에 40만 원의 돈을 받고 했다. 숙희 씨는 무연고 장애인이고, 중증장애인이기에 기초수급 대상자였다. 기초수급자는 일정 이상의 수입을 얻게 되면 기초수급 자격을 잃게 된다. 그렇게 자격을 잃은 다음 다시 기초수급자 신청을 하면 그로 인한 기간이 걸리고, 심사과정에서 여러 가지 서류가 필요하다. 하지만 이때 숙희 씨는 이런 불편함 때문이 아니라, 한번 기초수급 자격을 잃으면 안 된다고만 알고 있었다. 이런 과정에 대해서 숙희 씨에게 상세하게 설명해 주는 사람이 없었다. 기초수급에 장차연에서 받는 돈은 일반적으로 최저생계비에도 못 미쳤지만 그동안 숙희 씨가 받아왔던 돈에 비하면 아주 큰 돈이었다. 시설에 있을 경우, 장애인 한 명당 국가에서 나오는 돈이 있지만 숙희 씨는 그 돈의 금액이 정확히 얼마인지 알지 못했다. 한 달에 3천 원씩 용돈을 받았고 그나마 그 용돈도 어디에 쓰는지 다 기입해야 쓸 수 있었기에 그냥 돈을 안 쓰는 것이 편했다.

장차연에서 일을 하면서 숙희 씨는 돈이 중요한 게 아니다, 전체 장애인들을 위한 가치 있는 일을 하고 있다, 이렇게 믿었다고 한다. 그렇다면 장애인 단체에 있는 대표들도 다 이 정도의 돈을 받아야 하는 거 아닐까.

상담사: 내가 일하는 거에 비해 돈이 너무 적다 이 생각은 안 해보셨어요?

숙희 씨: 안 했어요. 제가 그게 문제예요.

상담사: 숙희 씨가 그랬잖아요. 장차연을 나오고 나를 위해 돈을 썼다고.

숙희 씨: 맞아요. 머리도 자르고, 타투도 하고, 화장품도 사봤어요.

상담사: 참 그럼 일할 때 점심은요? 점심 식비는 나왔어요?

숙희 씨: 대표님이 밥을 사 줄 때가 있었고, 아니면 도시락요. 제가 도

상담사:	시락을 사 갔어요.
상담사:	그런데 그 대표에게 성추행을 당하고, 그 대표는 불수의적 움직임 때문에 터치를 한 거다 이렇게 말하는 거네요.
숙희 씨:	그렇죠.
상담사:	성폭력보다 더 심각한 게 고용착취인 거 같은데요.
숙희 씨:	사실 이게 더 복잡한 게 있어요. 제가 소속은 남구청으로 되어 있고, 남구청에서 장차연으로 파견을 가서 일을 하는 걸로 되어 있거든요. 그러니까 제가 장차연의 일을 이렇게 하는 것도 문제가 되는 거죠. 소속은 남구청 직원이었어요. 그래서 제가 장차연 활동가라는 거 자체도 부정하는 거죠.
상담사:	다 부정당한 거네요. 장차연 활동가라는 것도, 그런데 장차연에서 일했던 모든 자료에는 숙희 씨 이름이 있잖아요.
숙희 씨:	그러니까요.

숙희 씨의 성폭력 사건에는 이렇게 복잡한 일들이 얽혀 있었다. 위계에 의한 성폭력이라고 숙희 씨가 주장하고, 이 모든 것에 대해서 가해자가 전면으로 부정하는 것은 그 조직의 운영적인 면에서도 문제가 될 수 있기 때문이라는 걸 숙희 씨는 알고 있다. 그러다 보니 숙희 씨는 의도하지 않게 내부고발자가 되었다고 한다.

| 상담사: | 그런데 저는 이해가 안 돼요. 숙희 씨가 시설에서 나오고 장차연에서 일을 하고, 그럼 이런 모든 것, 정말 사회생활을 하는 |

데 필요한 걸 전부 모른다는 걸 알 텐데 그 모른다는 걸 이용해서 일을 시켰나, 왜 아무도 안 가르쳐 줬지? 시설에서 생활한 장애인들의 특수상황이 있잖아요.

숙희 씨: 저도 좀 이해가 안 되는 게 시설에서 나왔는데 이게 처음에는 좀 잡아줘야 되는 애들이 있어요. 시설에 있다가 밖에 나오니까 갑자기 자유가 생긴 거예요. 심지어는 이걸 넘으면 범죄다라는 것도 모르는 경우가 있어요. 그냥 막 땡깡을 부리면 해줘요. 그러다가 이래저래 적응을 못하면 약을 먹게 되고, 그게 더 심하게 되면 충분히 사회생활 할 수 있는 친구인데 못 하는 경우도 있구요. 그래서 정신과 약을 더 복용하게 되구요.

상담사: 숙희 씨를 만나지 않았다면 저도 몰랐을 거 같아요. 관심이 없죠. 비장애인들의 눈에 보이는 장애인들은 관심이 없거나, 혹은 방송에서 볼 때 이미지가 뭘 저렇게 해달라고 하나, 혹은 장애가 있음에도 불구하고 인간승리를 한 사람들이 부각되는 경우가 있구요. 숙희 씨도 저와 이야기하기 전에는 자신이 했던 일, 어쩌면 일반인 사람들이 장애인에 대해서 어떻게 보고 있는 줄 몰랐을 거 같아요.

숙희 씨: 네(웃음). 우리가 만나는 사람들은 다 이 일을 하고, 같은 계통의 사람이니까 또 비장애인이라고 해도 이 일과 관련된 사람이에요. 유진 쌤처럼 장애인 관련 일을 하지 않는 사람을 만난 건 처음이죠.

상담사: 이런 이야기들을 해보니까 어때요?

숙희 씨: 내가 했던 일에 대해서 계속 질문을 해주시니까, 그리고 그 일이 어떤 의미가 있었구나 하는 걸 다시 생각해 보게 되었던 거 같아요.

숙희 씨와 상담을 하면서 제일 처음에 받았던 질문이 장애인도 상담이 가능하냐는 질문이었다. 그 질문 자체가 생소했다. 상담을 하는 데 장애인, 비장애인 구분이 있나? 그런데 나중에 숙희 씨에게 들어보니, 장애인들은 장애인을 전문으로 하는 상담사와 상담한다는 거였다. 그래서 숙희 씨도 나와의 상담을 망설였던 게 장애인을 전문으로 하지 않는 상담사니까 장애에 대한 선입견이 있지 않을까 하는 우려 때문에 오랫동안 상담을 망설인 부분도 컸다고 했다.

"처음에는 유진 쌤이 책을 이렇게 내자라고 했을 때 이해를 못 했어요. 그런데 계속 생각을 해보니까 성폭력 피해 생존자의 아픔을 다룬 책이 많지 않아요. 아 어쩌면 새로운 성폭력 생존자가 어떻게 살아왔는지 어떻게 살아갈지를 다루는 책이 되겠다! 남들이 볼 때 잘 헤쳐나가고 있어 보이는 고숙희도 사실은 이렇게 힘들었다, 그러니까 다른 분들도 지금 힘들다고 나만 힘들다 생각 안 했으면 좋겠다는 마음으로 이 책을 쓰면 좋겠다는 생각이 들었어요."

숙희 씨에게 책을 내보자라고 했을 때 숙희 씨가 지금의 자신에 대해 적어보면 어떨까 하는 마음이 강했다. 무엇보다 숙희 씨와 상담을 하면서 듣게 되는 이야기 중에서 정말 이 이야기들을 비장애인들도 알았으면 좋겠다는 이야기들이 너무 많았다.

숙희 씨에게 중간중간 계속 책 이야기를 하면서 재판이라는 큰 부담에 매몰되지 않기를 바랐다. 지금 우리의 프로젝트가 있어요! 이거 해야 돼요!!! 그러면 다시 숙희 씨는 심기일전하며 이 프로젝트에 집중했다. 숙희 씨는 옛날부터 작가가 되고 싶은 꿈이 있었다고 한다. 장애인 인권 운동가이자 이제 작가 고숙희가 되어보자, 그렇게 자신에게 새로운 정체성을 만들어 가는 것이 정말 주체적인 삶을 살아가려고 하는 숙희 씨에게 어울린다는 생각이 들었다.

나의 방식으로,
자유롭게 나답게

2024년 8월 17일

내가 얼마 전, 서울 혜화역에 있는 이음광장 이야기꾼 공모전에 선정되었다. 장애예술 현장과 일상 이야기를 3회 연재하는 프로젝트다. 나는 영상으로 장애여성, 성폭력 피해 생존자로서 운동을 통해 나만의 몸의 움직임과 조금씩 몸과 마음이 단단해지는 과정을 풀어갈 예정이다. 프로젝트 담당자분이 내용은 좋은데 조금 더 예술성이 영상으로 표현되었으면 한다고 하셨다.

그래서 혼자 곰곰이 생각하다 체감 예술 명상을 하시는 작가님이 떠올랐다. 체감 예술 명상은 이야기를 나누면서, 인체에 무해한 천연바디마커를 활용하여 몸이라는 도화지 위에 점, 선, 원을 연결하여 그려나가며, 자신의 내면을 탐색하면서 내적 경험을 확장해 가는 활동이다. 감각과 세포에 전해지는 진동을 음미하며, 자신의 내면과 소통하고, 지금 존재하는 순간에 몰입하는 명상적 경험과 불필요한 외부적인 것은 모두 내려놓고, 진솔하고 순수한 자신을 느껴보는 시간을 가질 수 있다는 장점이 있다.

바디아트를 통해 파동을 전하는 사람과 받는 사람의 연결감은 우리가 더 큰 무아(무한한 나)의 세상으로 나아가는 것이라고 한다. 이 작업은 숲속이나 자연적 환경에서 진행되는 것이 특징이다.

나의 몸을 운동으로써 보여주는 영상과 함께 체감 예술 명상을 하는 영상도 함께 편집해서 보여주면 좋을 것 같다는 생각이 들어, 시각 디자이너 작가님이신 진희 님께 연락을 해서 제안을 드리니까 좋다고, 만나서 이야기하자 했다. 그게 오늘이다.

진희 님은 2016년도 문화예술계 미투 운동 현장에서 만났다. 한창 미투 운동이 활발한 시기 만났던 우리는 지금까지도 연락하고 지낸다. 나한테 연락하고 가까이 지낸다는 것은 자주 보면 1년에 한두 번이거나 몇 년에 한 번 만나도 이야기가 잘 통하는 사람을 말한다.

오늘은 진희 님을 1년 넘어서 보는 자리였다. 오랜만에 편한 사람을 만났다. 카페에서 한 3시간을 대화했다. 서로 대화를 하면서 나눈 이야기 중 "우리 이제 눈에 독기가 없어진 거 같다."고 하면서 같이 웃었다. 2016년도부터 한 3년을 진희 님은 문화계 미투 폭로 및 조력자로서, 나는 장애인 인권 활동가로서 같이 연대하며 정말 치열하게 싸웠던 시절을 떠올렸다. "지금은 그렇게 하라고 해도 못 할 것 같아요. 그리고 이제는 안 하고 싶어요."

지금의 우리는 나를 돌보고 챙기면서 각자의 삶을 살아내고 있다. 그렇지만 우리는 연결되어 있음을, 서로 응원하고 있음을 다시 한번 더 느꼈던 자리였다.

그렇게 10월 체감 예술 작업을 하자고 약속을 잡고 헤어졌다.

그리고 이어폰을 꽂고 음악을 들으며 전동휠체어로 민락수변공원 쪽으로 한참을 달렸다. 요즘 음악을 들으면서 이동하는 것이 왜 이렇게 좋은지. 아주 오랜만에 내가 좋아하는 걸 찾았다.

숙희 씨가 보내온 글에서 점점 숙희 씨라는 사람이 더 느껴졌다. 처음 책을 내자고 이야기를 했을 때 숙희 씨가 보내온 글들은 피해자 고숙희만 있었다면 지금은 웃고, 울고 고민하고 행복해하는 숙희 씨가 있었다. 무엇보다 이 글에서 조금은 편해졌다는 말이 내 마음도 편하게 해주는 듯했다. 그동안 숙희 씨를 끊임없이 괴롭혔던 2차 가해자에 대해서도 숙희 씨는 재판과 자기의 일상, 그리고 그 사람이 믿고 있는 것과 숙희 씨가 믿고 있는 것을 분리할 수 있게 되었다. 진짜 가해자의 마음이 뭘까, 도대체 왜 저러는 걸까, 그러면서 그 이유를 알고 싶었고, 화도 나고 억울한 마음에 그 사람과의 일도 생각해 보면서 분노하기를 되풀이했던 시간들이었다. 가해자가 한 명이어도 힘든데, 가해자 A, 가해자 B 그리고 2차 가해자인 가해자 C 이렇게 세 명의 가해자와 싸우고 있었다. 그들에 대한 분노가 사라진 것은 아니지만, 자신을 챙기면서 재판 일정이 계속되는 일상을 조율해 가고 있다고 했다. 무엇보다 조금은 침착하게 상황을 바라보게 된다고 했다.

정말 온전히 나의 하루, 그리고 앞으로의 시간과 자신의 주변에 있는 좋은 사람들을 생각하고 싶지, 가해자들에 대한 분노로 일상의 소중한 시간을 허비하고 싶지 않다고 했다.

"명절 연휴에 계속 못 본 드라마를 봤어요. 좋아하는 음식을 시켜놓고, 오랜만에 술도 한잔하면서, 모처럼 너무 편하게 좋은 거예요. 나 자신을 위해 이런 시간을 보내도 된다는 것, 그것도 이제야 알게 된 거 같아요."

"저는 장애인들이 스스로의 삶을 즐길 수 있으면 좋겠다는 생각을 해요. 취미활동도 하고, 진짜 그런 거 모르거든요. 문화생활도 그렇고, 어쩌면 비장애인들에게 당연한 것들이 장애인들에게는 특별한 것들, 그런 것들이 너무 많아요."

2024년 8월 27일

올여름은 너무 더웠다. 이제 조금 날씨가 선선해지고 있다. 오늘 일이 있어

외출을 하고 집에 오는 길 하늘을 봤는데 곧 비가 쏟아질 거 같은 하늘이었다. 이 시기쯤 되면 3년 전 해고종용으로 장차연을 그만둔 마지막 퇴근길이 생각난다. 정말 딱 퇴근할 때 비가 쏟아진 기억이 있다. 2021년 8월 31일을 마지막으로 서류정리와 업무 관련 단체 대화방을 정리했다. 단체 대화방을 나올 때 이런 글을 썼다.

"제가 장애인 인권 운동을 시작한 계기는 2014년 당시 제가 장애 3급으로 활동지원을 못 받고 있을 때, 4월 13일 저녁에 라면을 혼자 끓여 먹으려다가 화상을 입었고, 같은 시기 송국현 동지도 장애 3급으로 활동지원을 못 받고 있을 때, 같은 날 집에 혼자 있다 불이 나 화상을 심하게 입었고 2014년 4월 17일 새벽에 사망하였습니다.
우린 부산국민연금공단 앞에서 '장애인 화재사고 방조한 국민연금공단 규탄 기자회견'에 저는 화재사고 피해자로 발언을 하면서 본격적으로 장애인 인권 운동을 시작하게 되었네요.
그리고 3대 적폐 폐지 부산공동행동 선전전 팀장으로 활동하다, 2017년 8월부터 부산장차연과 420부산공투단 집행부 실무를 맡았네요! 선전전은 5년, 420부산공투단을 하면서 농성장 총괄로는 두 번, 1017빈곤 철폐의 날, 용산참사, 세월호참사 그리고 윤웅태 동지, 정현성 동지, 임상철 동지 추모제, 탈시설 운동, 활동지원 24시간 보장, 그 외 연대활동 투쟁과 중앙 투쟁 등 많은 투쟁을 했네요.

제가 연락하면 동지들이 언제나 같이 연대하고 투쟁을 함께할 수 있었음에

너무 고맙습니다^^

이렇게 긴 글을 쓴 게 된 건, 제가 내부, 개인사정으로 잠시 활동을 쉬게 되었습니다. 갑자기 알려드려 미안해요ㅜ 진짜ㅜㅎㅎ

한 달이 될지 몇 달이 될지 모르지만 지금보다 조금은 괜찮은 제가 되면 다시 돌아올게요! 꼭^^ 동지들 그동안 너무 고마웠습니다_그럼 저는 이만 안녕^^

From. 가끔은 까칠하지만 조금이라도 잘해주고 싶었던 숙희가"

마지막까지 책임자, 직업정신 대단하다, 대단해. 짤리는 마당에 이렇게 친절히 썼다니. 2021년 8월 31일 저녁부터 그다음 날 아침까지 내가 지구별에 존재하고 제일 많이, 서럽게 울었던 날이었다. 가끔씩 이날이 생각나거나, 꿈에 나타나면 아직까지 눈물이 흐르곤 한다. 아마 이것도 시간이 갈수록 덤덤해지는 날이 오겠지. 뭐. 아직까진 아니지만! 그래도 윗글로써 마지막 인사를 하고 나와서 다행인 거 같다.

때론 지우고 싶은, 2014년부터 2024년 8월 31일까지 8년간 부산장애인차별철폐연대에 내가 쏟았던 열정은 진심이었으니까 그것만은 잊지 말자. 이 말을 하기까지도 3년이 걸린 거 같다. 유진 쌤의 영향이 큰 거 같다. 잊을 때쯤 장차연 이야기를 꺼내면서 "수키 님이 이때까지 한 것은 없어지지 않을 거고 장차연 활동, 내담자에게 상담을 해왔던 그 열정이 진심이었다는 것을 다 알 것이다."라는 말을 종종 들어서 그런 거 같다.

숙희 씨가 보내온 글의 마지막 부분을 읽고 또 읽었다. 그동안 했던 질문들과 숙희 씨가 그 질문을 통해 자신의 시간들을 되돌아보는 과정들은 쉽지 않았다. 하지만 내가 그 어떤 내담자보다 숙희 씨를 믿을 수 있었던 것은, 비가 오나 눈이 오나 정말 태풍이 분다고 해도 약속된 상담시간에 정확하게 도착하는 그녀의 성실성이 있었기 때문이었다. 이 상담을 받는 것은 자신의 일상에서 가장 중요한 일에 속하고 그만큼 절박하다고 했다.

어느 날은 1주일 동안 힘든 일을 말하기에도 상담시간이 부족할 때도 있었고, 어느 날은 또 이제 모든 문제가 다 해결된 거 같은 기분을 느끼며 신나게 앞으로 무엇을 할지 계획을 세워보는 시간도 있었다. 한 계단 한 계단 올라가는 것처럼 모든 상황이 발전적으로 숙희 씨를 도와주는 건 아니었다. 상황이 도와주거나 방해하는 날도 있지만 그런 상황에서도 숙희 씨는 자신의 마음을 읽어가고 있었다. 그렇기에 롤러코스터를 타는 것처럼 오르락내리락하는 재판의 과정에서도 숙희 씨는 탈시설을 하고 먹었던 그 밥 한 끼처럼 다시 그렇게 맛있는 밥 한 끼를 바라며 하루하루 자신의 삶을 만들어가고 있었다.

"저는 어떤 사람이 될까, 이런 생각을 해보는데 그냥 수키면 좋겠다, 이 생각을 해요. 사실 저에게 고숙희에서 성은 의미가 없거든요. 이름도 어떤 특별한 의미로 지어진 것도 아니에요. 그래서 난 그렇게 성이 의미가 없구나, 이 사건이 있으면서 저를 소개할 때 수키라고 소개해요. 사람들은 제 이름을 들을 때 자기만의 의미로 받아들일 거 같아요. 예전에는 단체가 더 중요했고, 항상 단체명 뒤에 제 이름이 보태어졌다면 지금은 그냥 수키예요! 이렇게 당당히 말하고, 더 저를 부각하고 싶다는 마음이 있어요."

"고숙희가 아니라, 수키로 산다는 건 어떤 의미인지 더 자세히 이야기해 주실래요?"

"이제까지 늘 남들이 하라는 걸 하면서 살아온 거 같아요. 왜 그래야 하는지 묻지 않았거든요. 그냥 해야 한다, 그렇게 안 하면 맞았던 기억의 탓인지, 그런데 지금은 내가 왜 그 일을 하는지 내가 납득하면 하자! 이런 마음이 들어요. 그 마음을 담아서 그냥 내 맘대로 할 거야~의 의미예요. 수키는."

그러면서 숙희 씨는 장난스럽게 웃어 보였다. 조금은 엉뚱한 숙희 씨의 모습을 찾아가고 있는 것이 좋았다.

제7장

숙희 씨와의 동행

2023년에서
2024년 10월까지

　숙희 씨와의 상담이 시작이 된 2023년 봄에서, 한 번의 봄을 더 만나고 이제 2024년 가을이 되었다. 그사이 많은 변화가 있었다. 무엇보다 재판을 시작한 지 4년 만에 가해자 A가 1심에서 유죄판결을 받았다. 그동안 숙희 씨의 재판에 대해서 색안경을 끼고 바라보던 사람들이 그제야 조금은 숙희 씨의 이야기를 들어주는 거 같다고 했다. 그런데 이것이 끝이 아니었다. 여전히 가해자 B와 가해자 C와의 재판을 남겨두고 있었다.
　재판이 진행되는 과정에서 숙희 씨에게 어떤 부분이 가장 어렵냐는 질문을 한 적이 있다. 증언을 나가야 하는 부분에서 심적인 부담이 아주 크다고 했다. 성폭력 피해자가 다시 자신의 기록을 봐야 하고, 가해자와 대면해야 한다는 부담이 컸지만 그래도 용기를 내서 증언을 했고, 가해자가 주장하는 인지장애가 있다는 말에 대해서 판사가 직접 보고 판단해 주기를 바라는 마음이 컸다고 했다.

가해자 B의 재판에서는 증언을 하는 데 더 힘듦을 느꼈다. 마치 기억력 테스트를 하듯이 너무도 세부적인 질문들을 가해자 측 변호사가 숙희 씨에게 계속 했다. 증언시간이 한없이 길어지고 있다는 기분이 들었고, 어느 시점에서는 조금 혼란이 온다는 느낌까지 들었다. 방청석에 앉아서 그 증언을 지켜보고 있는데, 나 역시 가해자 측 변호사에게 취조를 당하고 있다는 기분이 들었다. 피해자로 증언을 한다는 것이 이렇게 고통스럽구나 하는 걸 눈으로 보게 된 상황이었다.

이제 그 가해자 B의 1심 판결이 드디어 10월에 잡혔다.

"판결이 있기 전날이 제 생일이에요."

"진짜요?"

"이번 생일에는 미역국 끓이지 말라고 했어요. 그다음 날 재판도 있고 하니까."

"축하 많이 받고 있겠네요."

"사실 생일이라는 게 저는 별로 좋지 않았어요."

"왜요?"

"그날이 제가 버려진 날이거든요. 정확히 제가 언제 태어났는지는 몰라요. 생일이 해마다 다가오면 아, 내가 이날 버려졌구나 하는 걸 다시 생각해 보니까 그날에 축하를 받는다는 게 좀 이상하더라구요."

하지만 올해는 조금은 편하게 생일 축하를 받고 있다고 했다. 지금의 상황에 대한 격려와 위로, 그리고 숙희 씨를 위하는 사람들의 따뜻한 마음 그것을 받으면 되는 것이고 또 생일을 기억하고 축하해 주는 사람들이 고맙다고 했다.

"제일 좋은 생일 선물은 가해자 B의 유죄판결인 거 같아요."

가해자 B는 숙희 씨가 장차연에 있을 때 대표로 있었던 사람으로 숙희 씨에게는 어려운 사람이었다. 성폭력 사건에 대해 재판을 진행하면서 알게 된 것이 성폭력을 당했다는 걸 피해자가 찾아서 제출해야지 경찰이나 검찰이 적극적으로 찾아주는 것이 아니더란다. 전장연 측에도 재판에 도움이 되는 증거자료를 요청했지만 거절당하는 일도 있었다.

가해자 A는 직접적인 목격자가 있지만 가해자 B는 직접적인 목격자가 없고, 가해자 B가 자신의 입으로 나도 가해자 A처럼 터치를 한 적이 있는데, 그럼 나도 성폭력을 한 거야? 이렇게 여러 번 회의 장소에서 직접적으로 말을 한 것이 다 기록되어 있었다.

검찰은 이 사건에 대해서 5년 구형을 내렸다. 가해자가 전혀 반성을 하지 않는다는 점도 무거운 구형의 사유가 되었다. 가해자의 재판을 앞두고 여러 가지 생각에 마음이 복잡하다고 했지만 숙희 씨는 운동을 하면서 일상을 잘 유지해 가고 있었다.

숙희 씨에게 농담처럼 "숙희 씨는 비가 오나 눈이 오나 바람이 불어도 딱 제시간에 와요. 1분도 안 늦어요. 신기해요!" 이렇게 말하면 다 계산하고 움직인다며 활짝 웃곤 했었다.

"요즘 운동을 하는데 조금씩 할 수 있는 동작이 늘고 있어요."

이 긴 재판을 이겨나가는 데 운동의 힘이 컸다.

"사실 장애인이라면 장애인들 운동이 있어요, 보치아.[11] 장차연에 있을 때 보치아 경기에서 매니저도 하고, 예전부터 운동에 관심이 많았거든요. 사람들이 장애인은 장애인 스포츠만 해야 한다는 생각이 강하더라구요. 그런데 전 헬스를 하고 싶었어요. 헬스도 하고, 바디프로필도 찍고, 제가 그때 찾아볼 때는 바디프로필을 찍은 장애인이 없다더라구요. 다른 장애인이 하지 않았던 부분에 도전하고 싶다는 마음이 강했어요."

숙희 씨는 뭔가 장애인들은 장애인끼리만 해야 한다, 이런 인식을 깨고 싶다고 했다.

"사실 장차연에 있으면서 우리끼리 그런 이야기를 많이 했어요. 장애인에 대한 비하를 우리가 제일 많이 한다. 다른 장애를 부를 때도 그렇구요. 그래서 그러지 말자 이러면 뭘 또 그런 데 예민하게 구냐 이런 반응이었구요."

지금 하고 있는 운동이나, 장애인 단체에 있으면서 숙희 씨가 느꼈던 부분을 이제는 이야기하는 것에 거침없었다.

"그런데 숙희 씨 그거 아세요?"

무슨 얘기를 하려나 하고 숙희 씨는 나를 쳐다보았다.

"숙희 씨 진짜 말 잘해요. 처음에 저랑 상담할 때 네, 네만 하셨

---

11) 경기장 안에 있는 흰색 표적구를 먼저 던진 후 각각 6개씩의 파란 공과 빨간 공을 던져 누가 더 많은 공을 흰색 표적구 가까이 던졌는가를 가지고 겨루는 경기다.

잖아요."

갑자기 숙희 씨가 웃는다.

"사람들이 요즘 저보고 다 그래요. 원래 그렇게 말 잘했냐, 뭔가 제가 편해진 거 같다는 이야기는 자주 들어요."

전과 달리 자신의 생각을 표현하는 데 숙희 씨가 점점 더 자신감을 얻어가는 게 보였다. 자신이 어떤 사람인가에 대한 숙희 씨만의 믿음이 점점 만들어지고 있었다.

10월 25일, 가해자 B의 판결 날

 오늘은 여러 가지로 숙희 씨에게 의미가 있는 날이다. 가해자 B에 대한 1심 선고가 오전 10시에 부산가정법원 351호에서 내려진다. 그리고 이날에 맞춰서 텀블벅에 숙희 씨 책을 펀딩하기로 했다.
 책을 내자고 말하고, 숙희 씨가 자신이 쓴 글을 보내고 그리고 새로운 글을 쓰면서 정리해 갔던 과정, 그리고 다시 이 책의 방향을 숙희 씨의 상담을 중심으로 바꾸어 글을 쓰기 시작하면서, 숙희 씨와 어떻게 상담을 해왔고 그 과정 속에서 어떤 변화가 있었는지 더 선명하게 보이기 시작했다.
 오늘 숙희 씨를 만나면 재판 이야기, 책 이야기 등 참 할 이야기가 많겠다는 생각이 들었다. 재판 시간이 이른 아침이라 서둘러 준비를 하고 가정법원으로 향했다. 숙희 씨 상담을 하면서 가정법원에 오는 것이 다섯 번째이다. 앞의 법원행도 모두 의미가 있었지만 오늘은 특히 더 의미가 있는 법원행이 아닐까 하는 생각이 들었다.

가해자 B의 1심 선고가 내려지는 재판정에 들어갔다. 서로 마주 보고 가볍게 눈인사만 할 정도로 숙희 씨도, 숙희 씨와 동행한 활동지원사분도 다 긴장하고 있었다. 늘 느끼는 것이지만 현실의 판사 목소리는 너무도 작다. 그 작은 목소리에 초집중을 하면 판사의 판결내용을 들었다.

가해자와 다투고 있는 몇 가지 쟁점 사항에 대해서 먼저 무죄라는 말이 들렸다. 판결은 끝까지 들어봐야 한다는 생각을 하면서도 조바심이 나기 시작했다. 끝까지 기다리자는 마음으로 숨죽여 계속 들었다. 1분이 10분 아니 1시간처럼 느껴졌다.

"피고인을 징역 1년 6월에 처한다."

다른 이야기는 하나도 들리지 않았다. 안도의 한숨을 쉬고 숙희 씨를 보았다. 그리고 옆자리에 앉아 있던 활동지원사분과 눈이 마주쳤다. 말이 필요 없었다. 모두 그 순간 같은 마음이었다.

재판정 밖으로 나가자 부모회 회장님이 눈물을 훔치고 계셨다. 물론 가해자 B도 빛의 속도로 항소를 할 게 분명하다는 걸 알고 있었지만 오늘은 그냥 오늘로써 충분히 좋다는 생각이 들었다.

재판이 끝나면 늘 가는 카페로 향했다. 날씨가 좋았다. 비로소 아 가을이구나 하고 하늘을 올려다보았다.

"커피 제가 살게요."

숙희 씨가 카드를 꺼낸다. 시원한 아이스 아메리카노를 마시고,

잠시 서로 말이 없었다. 숙희 씨의 온몸에서 기쁨이 느껴졌다. 얼굴 전체에 그런 기쁨이 가득 채워지고 있었다. 징글징글하다, 지긋지긋하다는 말로 재판 과정을 설명할 때가 있지만, 그래 포기하지 않으니까 이런 날도 오는구나 싶었다.

너무 좋아서 온몸으로 기쁨을 표현하다가, 아이스커피를 한 모금 마시고 난 숙희 씨 얼굴을 보고 카페의 창밖으로 보이는 유난히 파란 하늘을 번갈아 봤다.

"4년이네요. 4년."

2021년부터 시작한 재판은 이제야 1심 판결이 났다. 가해자들은 다시 항소를 할 것이고, 그러면 재판이 완전히 끝날 때까지 시간이 걸릴 것이다. 그래도 여기까지 왔으니 정말 거의 다 왔다는 마음이 든다고 했다.

"다 중간에 그만둘지 알았을 거예요. 그만두라고 협박도 많이 받았죠? 죽일 듯이 협박했을 거 같아요."

그 말에 숙희 씨가 고개를 세차게 끄덕였다.

"맞아요. 죽일 듯이. 정말 그 표현이 맞아요. 저는 정말 누가 저를 죽이러 오는 거 아닌가 할 정도로 무서웠어요."

그 두려움을 견디고 여기까지 왔다. 그 긴 시간 동안 숙희 씨는 전투를 하듯이 산 거 같다고 했다. 술을 좋아하지만 술에 의지하지 않았고, 한없이 밀려드는 두려움은 운동을 하고 상담을 하면서 여기까지 왔다고 했다.

재판이 끝나고 정말 할 말이 많을 거 같았는데 숙희 씨와 나는 그렇게 잠시 말없이 커피만 마시고 있었다. 말을 하지 않아도, 지금 어떤 마음일지 알 수 있었기 때문이었다.

그렇게 숙희 씨와 헤어져 집에 오는데, 아침을 안 먹었다는 게 그제야 기억이 났다. 숙희 씨도 아침을 안 먹었을 텐데, 서로 점심이 될 때까지 밥도 잊고 있었다.

유난히 하늘이 파랬다. 짧은 가을이 잠시 머물고 있는 기분이 들었다. 한없이 감성적인 날이었다. 2023년 3월부터 2024년 10월까지, 숙희 씨는 상담을 오는 것이 1주일 중에서 가장 중요한 시간이라고 했다. 그렇게 서로가 함께 만들어 간 시간들이 모여서 한 권의 책이 만들어지고, 이날 그 책의 펀딩 시작을 알릴 수 있다는 것에도 벅참이 밀려왔다.

"뭔가 지난 시간들이 파노라마처럼 쫙 스쳐 지나가네요."

숙희 씨의 말처럼, 그 시간들이 그렇게 지금의 숙희 씨를 단단히 만드는 시간이었음을 확인할 수 있었다.

"숙희 씨에게 책은 어떤 의미일까요?"

"이겨냈다!"

"맞아요. 포기하지 않고, 여기까지 왔고, 이겨냈고, 앞으로도 잘할 수 있다는 걸 선언하는 거죠."

그래 오늘은 서로 긴 말이 필요 없는 날이다. 그 힘듦을 함께 이겨냈다고, 이 길이 끝난 건 아니지만 오늘은 그냥 오늘이어서 충분히 괜찮은 하루가 아닐까.

다시 "세상에서 제일 맛있는 밥 한 끼"를 희망하며

"장차연을 나오면 끝이라고 생각했어요. 그냥 내 인생은 끝이다. 죽는 것과 같다."

"그런데 어때요?"

"더 잘 사는 거 같아요."

"어떤 부분에서 더 잘 사는 거 같으세요?"

그 질문에 숙희 씨는 최근 자신의 삶이 변한 것에 대해 이야기했다. 지금은 운동을 하는 데 집중하는데, 도전하고 변화한 것에 대해서 매일매일 간단하게라도 기록을 해둔다고 했다. 운동을 통해서 자신의 몸을 새롭게 인식하게 되는 것도 좋고, WPI 상담에 대해서도 관심이 생겼다고 했다.

"배우시면 좋을 거 같아요."

"할 게 너무 많네요."

재판 외에는 아무것도 생각할 여력이 없다고 말했던 숙희 씨가 이제는 하고 싶은 일들이 생기고, 취미생활도 즐긴다고 말했을 때 그 변화가 고마웠다. 숙희 씨가 겪고 있는 상황이 너무도 힘들었기에, 상담사로서 그 힘듦을 덜어주고 싶은 마음이 들 때마다 상담사인 나는 어떤 역할을 해야 하는지 계속 스스로에게 질문을 했었다.

숙희 씨의 상황은 무척이나 심각했다. 그 상황을 산에서 조난을 당한 등산객에 빗대어 생각해 보았다. 함께 산을 올라왔는데 갑자기 일행들은 사라졌고, 험난한 산속에서 길을 잃어버렸다. 낯선 곳이라 어디로 가야 할 지 알 수 없다. 더구나 주변은 나무들로 빽빽해서 길이 보이지 않는다. 세상에 핸드폰 와이파이도 잘 잡히지 않는다. 이런 상황에서 내담자는 어떻게 해야 할까. 아니 이런 상황에 처해진 내담자를 본다면 상담사는 어떻게 해야 할까?

상담사가 단순히 위로와 공감만으로 상담을 진행한다면 어떤 상담이 될까. 그래도 누군가 구하러 올 거예요, 여기서 보니 하늘의 별이 밝네요, 우리 희망을 가져보아요라는 말들은 당장은 듣기 좋지만 내담자가 처한 상황을 헤쳐나가는 데 큰 도움이 되지 않을 것이다.

지금 내담자는 두려움과 공포에 싸여 있을 것이다. 심지어 혹시 이러다가 죽는 것은 아닐까 하는 생각이 들지도 모른다.

숙희 씨를 만났을 때 숙희 씨는 담담하게 괜찮은 듯이 말하고 있었지만 자신의 감정을 쿡쿡 누르고 있었다. 로맨의 사랑스러움, 감수성을 다 지운 채 리얼 에이전트로 살아온 삶이었다.

산속에 갇혀버렸다고, 내려갈 길도 사라졌다고 믿고 있는 내담자에게 상담사는 손을 내밀어 주는 존재라는 생각이 들었다. 상담사가 업고 산을 내려갈 수는 없다. 하지만 그 상황에서 길을 안내할 수는 있다. 난 숙희 씨에게 그런 안내자의 역할을 하려고 했다. 그리고 무엇보다 숙희 씨가 자신이 어떤 사람인지 알게 된다면, 어떻게 살고 싶은지를 그릴 수 있고 누구보다 주체적으로 자신의 삶을 다시 살아갈 수 있다고 믿었다. 그리고 숙희 씨는 자신을 믿어주는 상담사인 나를 믿었다. 정말 힘들고 아픈 시간들이 숙희 씨에게 계속되고 있었지만 상담은 몸에 생긴 병처럼 직접적인 치료를 해주지는 않는다. 무엇보다 내담자 스스로 자신이 변하고자 하는 의지가 동반되어야 한다. 어떤 부분에서는 내담자가 자신의 치유자가 되어야 한다.

처음부터 그런 믿음이 내담자에게 생길 리 없다. 숙희 씨에게도 그런 믿음이 없었다. 하지만 1년 반이 넘는 상담 동안 숙희 씨는 매주 자신의 마음을 읽는 노력을 계속했다. 힘들어도 포기하지 않았다. 보기 싫은 자기를 보고, 직면하는 그 과정은 천천히 이루어졌다. 숙희 씨와 상담을 하면서 〈세상에서 제일 맛있는 밥 한 끼〉라는 글을 써온 적이 있었다. 매일매일 당연히 먹는 그 밥 한 끼도 내가 원하는 시간에 먹을 수 없었고, 비로소 내가 원하는 시간에 밥을 먹었을 때 그때의 밥이 세상에서 제일 맛있었다는 내용이 나에게는 유난히 선명하게 다가왔다. 그 경험이 숙희 씨가 이제까지 어떤 삶을 살아왔고, 어떤 삶을 추구하는지를 보여준다는 생각이 들었기 때문이었다.

자신만을 위한 식사를 준비하면서 설렜을 숙희 씨의 모습이 그 글에서 오롯이 느껴졌다. 통제된 삶을 벗어나서 누구보다도 당당하고 자유롭게 살고 싶었던 숙희 씨였다는 걸 그동안 숙희 씨의 상담을 통해 알고 있었다.

"그런데 지금 생각하면 뭐랄까, 독립은 아니었어요."

"숙희 씨가 생각하는 독립은 뭐였어요?"

"시설을 벗어나서 나답게 사는 거였거든요. 그런데 자립을 한 것이고, 독립은 정말 제가 주인 되어서 사는 것이 아닐까 해요."

시설에서 벗어나서 탈시설 했다는 것이 결코 작은 의미가 아니라는 걸 알고 있다. 숙희 씨는 지금 생각하니 보이는 곳에서 나오는 것보다 스스로 자신을 가둬놓은 어떤 틀에서 벗어나는 것이 얼마나 더 어려운지 이제 알게 된 것 같다는 이야기를 하고 있었다.

"저는 숙희 씨가 돈을 많이 벌었으면 좋겠어요."

갑자기 왜 돈 이야기를 하지? 이런 시선으로 숙희 씨를 나를 보았다.

"숙희 씨의 노동과 능력에 비해 제대로 된 대접을 받지 못했어요."

그 이야기를 나눴을 때 진심으로 화가 났었다. 왜 숙희 씨가 장차연에서 했던 그 일에 대해서 정당한 대가를 받지 못했는지, 너무도 화를 내고 분노하는 나에게 숙희 씨가 카톡을 보내왔다.

"이렇게나마 인정받은 거 같아… 아주 조금은 풀리네요. 고마워요!:)"

숙희 씨에게 기초수급자에서 벗어나서 독립적으로 돈을 벌고, 그

수입으로 살기를 바란다고 얘기를 하자 처음 상담을 시작했을 때는 그 이야기를 들었다면 무슨 이야기를 하냐면 펄쩍 뛰었겠지만 지금은 자신 역시 그러고 싶다고 했다.

숙희 씨와 상담을 시작할 때 내가 본 것은 숙희 씨의 장애가 아니었다. 숙희 씨의 젊음이었다. 누구보다 삶에 대한 열정이 강하기에 힘든 현실을 탓하지 않고, 그 현실을 뚫고 살아온 숙희 씨였다. 지금 숙희 씨가 재판으로 인해 삶에서 주춤하고 있다고 느낄 수 있지만, 이 시간을 진정한 자신을 알고 앞으로 자신의 삶을 그려나갈 수 있는 의미 있는 시간으로 만들 수 있고, 그렇게 숙희 씨가 자신의 미래에 대해서 계획을 세우고 어떻게 살아가는지를 보여준다면 얼마나 멋지고 많은 일을 해낼까, 그 기대감이 들면 설렌다고 말했더니 숙희 씨가 웃는다.

"아, 제가 숙희 씨를 부담스럽게 했나요."

"아뇨. 저도 설레네요."

맞다. 설렌다. 상담사로서 가장 큰 설렘은 내담자의 변화다. 내담자가 자신의 삶을 만들어 가고 그렇게 자기 삶의 주인으로 살아가는 모습을 볼 때 상담사는 설렌다. 밥을 안 먹어도 배가 부르다.

젊은 고숙희의 뜨거운 청춘이 만들어 낼 멋진 미래. 과거의 아픔과 고통이 모두 숙희 씨 삶의 거름이 되었음을 믿고 있다.

"세상에서 제일 맛있는 밥 한 끼를 다시 먹기를 바라는 마음?"

"네, 다시 그때처럼 세상에서 제일 맛있는 나만의 식사를 하고 싶다고 할까요!"

숙희 씨를 응원하는 분들의 응원 글

어둡고 긴 터널을 지나오는 동안 좌절과 고통의 시간을 겪으면서도 결코 꺾이지 않고 이전보다 더 단단해지고 커진 숙희 씨를 보면서 스스로를 돌아보기도 하고 용기를 내기도 합니다. 자신의 아픔을 솔직하게 이야기하고 이를 통해 누군가를 위로하기 위해 다시 한번 새로운 도전을 하는 숙희 씨를 응원하고 박수를 보냅니다.

— 강현주 변호사

성폭력피해생존자라는 정체성을 덧입음에 주저함 없고 당당한, 항상 생기 넘치는 수키님의 책 출간을 온 마음으로 축하드립니다. 장애여성에게 중첩된 차별의, 기울어진 운동장을 바로 세움에 켜켜한 소요와 부치에 먹히지 않고 '괜찮은 일상'을 위해 나아가는 걸음걸음을 지지합니다.

— 부산장애인부모회 회장 도우경

《오늘, 저에게 마음이 생겼습니다》 책 출판을 축하드려요.
제목이 스스로 자신을 믿고 살아갈 용기가 생겼다는 말 같아서 좋아요. 하얀 얼굴에 미소를 머금은, 언제나 부드러운 숙희 씨가 "절대 배신하지 말라."며 단호하게 말했던 순간이 떠오릅니다. 이리저리 휘둘렸던 숙희 씨, 그럼에도 강단이 있는 숙희 씨를 한 장면으로 보여주는 것 같아서 기억에 계속 남아 있어요.
숙희 씨의 삶의 여정을 마음 깊이 존경합니다.

― 부산성폭력상담소 소장 이재희

수키 님과 함께한 3년의 시간 동안, 무엇보다 누군가의 말에 귀 기울이는 법을 배웠습니다. '내가 큰 힘이 되어줘야만 해.'라고 생각하고 시작된 만남이 오히려 만날 때마다 제가 힘을 받는 만남이 되었네요. 수키 님의 글을 읽는 사람들이 저처럼 힘을 받고 힘을 내서 더 나은 오늘을 지낼 수 있기를 바랍니다.

― 부산성폭력상담소 차가영

숙희를 처음 만난 건 제가 교사로 첫발을 내디딘 때였습니다. 그때 숙희를 기억해 보자면 꿈도 희망도 많았던 어느 평범한 고1 여학생이었습니다. 비록 장애가 있어 몸은 불편하지만, 마음만큼은 청명한 하늘처럼 맑았던 아이였습니다. 그런 숙희가 처음 인권 운동을 한다고 했을 때 저는 말렸습니다. 제가 보기에 그 일은 나름 의미 있는 일이긴 하지만 그 의미를 찾아가는 길이 너무 험난해 보였기 때문입니다.

그리고 장애인이자 여성, 거기다 어디 하나 기댈 데 없는 시설에서 쭉 생활해 온 숙희에게 인권 운동은 너무 버거워 보였습니다. 하지만 숙희가 인권 운동을 하며 자신의 정체성을 찾아가고 그것으로 인해 보람을 가지며 생활하는 모습을 보며 한편으론 뿌듯한 마음이 들기도 했습니다. 하지만 조금씩 지쳐가는 숙희를 보며 '자신의 삶을 온전히 갈아 넣으면서까지 저렇게 해야 하나?' 하는 걱정도 든 건 사실입니다.

그 걱정은 다른 방향으로 표출되어 장차연 대표의 6년간의 성추행이라는 끔찍한 범죄를 겪게 되었습니다. 저는 그런 숙희를 보며 6년이라는 기나긴 시간 동안 아무 말도 못 하고 고통 속에 살아왔을 숙희를 생각했습니다. 새장 안에 갇힌 새처럼, 차가운 창살 안에 갇혀 무어라 말 한마디 못 하고 고통 속에 발버둥 치는 숙희의 모습을……

저는 그런 숙희를 생각하며 처음 장애인권 단체에 들어가려 할 때 '어떡해서든 못 들어가게 말렸어야 했는데.' 하며 후회하고 또 후회했습니다. 그리고 2년여간 소송기간 동안 몇 번의 죽을 고비를 넘긴 숙희를 보며 그런 후회와 자책은 깊어져 갔습니다.

하지만 그런 인고의 시간을 넘어 우리 숙희가 자신의 삶을 담은 책을 출간한 것에 진심으로 감사하고 축하합니다. 그리고 지금의 아픔이 아픔으로만 그치는 게 아니라 미래로 나아가는 거름이 되길 간절히 바랍니다.

— 특수교사 이동영

세상 모든 숙희 씨를 지지하고 응원하고 연대합니다.

세상에… 그 사람들이 그랬다고요?

숙희 씨를 만난 건 지난 1월이었습니다. 뇌병변 1급 중증장애인인 그녀와의 대화는 쉽지 않았습니다. 그녀는 힘들게 말했고, 저는 제대로 알아들었는지 반복해서 확인해야 했습니다. 숙희 씨에게 들은 내용은 충격적이었습니다. '발달장애인 **아빠'라고 하면 누구나 알 만한 유명 장애인 인권 운동가가 자신을 오랫동안 성추행해 왔다는 것이었습니다. 참다 못해 자신이 일하던 장애인 단체에 피해 사실을 알렸지만, 오히려 사실상 해고를 당했다는 것이었습니다. 이 과정에서 피해자를 보호해야 할 이 단체의 대표가 2차 가해는 물론, 자신을 성추행했다는 주장이었습니다. 대표 역시, 장애인 인권을 위해 국내뿐 아니라 국제적인 활동을 해온 장애인 운동계의 대부로 꼽히는 인물이었습니다.

두 사람의 이름과 그간의 활동은 대략 알고 있었지만 다시 공부했습니다. **아빠가 아들과 함께 출연한 수많은 방송다큐멘터리들과 언론 인터뷰를 찾아보고, 그가 쓴 책도 읽었습니다. 단체 대표 변 모 씨에 대한 언론 기사 등도 찾아 읽고 그가 어떤 삶을 살아왔는지도 알아두었습니다. 언론을 통해 겉으로 드러난 그들은 장애인 인권 운동계의 스타, 대부, 존경받는 인물이었습니다. 두 사람은 장애인 인권을 외치며 투쟁 현장을 누볐고 신문, 방송 등 언론을 장식했고 강연을 다녔습니다. 그런데 그런 그들에게 숙희 씨의 인권은 없었습니다.

숙희 씨가 일상을 회복할 수 있기를…

이제 가해자들을 만나야 했습니다. 흔쾌히 방송 인터뷰에 응한 이 모 씨는 성추행이 아니다, 피해자가 원해서 한 행동이라고 강하게 주장했습니다. 하지만 장애인 단체 대표 변 모 씨는 말하지 않을 권리를 주장하며 취재에 응할 수 없다고 한 이후 기자의 연락에 응하지 않았습니다. 그가 일했던 사무실도 찾아가 취재 목적과 연락처를 남겼고, 주변인 취재를 위해 장애인 단체 전·현직 관계자 등 많은 사람들에게 연락을 했지만 저의 취재 사실, 제 연락처가 공유되었는지 모두가 제 연락에 응하지 않았습니다. 가해자와 그 주변 인물들은 그들끼리 똘똘 뭉친 듯했습니다. 30년 가까이 기자 생활을 해왔지만 이런 경우는 처음이었습니다.

피해자인 숙희 씨와 용감하게 숙희 씨 곁에 있어 준 부산 장애인 부모회 관계자분 등의 증언과 자료들을 토대로 기사를 썼습니다. 취재를 거부한 가해자도 있는 만큼 기사 쓰기는 더 신중해야 했습니다. 당사자와 주변 조력자들을 통해 팩트들을 수차례 다시 확인했습니다. 숙희 씨는 여성이면서 장애인입니다. 약자 중의 약자인 그녀가 거짓말할 이유는 없다고 믿었습니다. 숨은 사람, 기자를 만나주지 않는 사람이야말로 당당하지 못할 이유가 있을 거라고 생각했습니다.

부산MBC 시사 다큐 프로그램인 시사포커스 IN 심층 보도를 위해 취재를 하고 있었지만, 아직은 공개할 수 없는 긴박한 사정으로 급히 뉴스를 통해 1보 리포트가 나간 뒤에, 뉴스 리포트, 심층 보도 등을 잇따라 내보냈습니다. 인터넷 댓글에는 가해자 처벌과 피해자를 응원하는 글들이 잇따랐습니다. 피해자를 지지하는 연대 단체가 꾸려졌고 전국장애인차별철폐연대는 두 사람 모두를 가해자라고 인정하고 제대로 된 조사와 처벌을 하겠다고 약속했습니다(계속 지켜볼 일입니다). 가해자 두 사람에 대한 검찰, 경찰 수사는 진행 중입니다.

이 기사가 숙희 씨에게 조금이라도 힘이 되었으면 합니다. 가해자들은 죗값을 치르기를, 요즘 집에만 있는 숙희 씨는 다시 세상 밖으로 나와 자신이 원하는 삶을 살아갈 수 있게 되길 희망합니다. 세상의 또 다른 많은 숙희 씨에게도 지지와 응원을 보냅니다.

– 부산MBC 정은주 기자

오늘, 저에게
마음이 생겼습니다

초판 1쇄 발행 2025. 2. 10.
    2쇄 발행 2026. 1. 6.

지은이 고숙희
펴낸이 마음서원
펴낸곳 마음서원

편집진행 김재영
디자인 양헌경

펴낸곳 마음서원
등록 2024년 12월 31일 제889-90-02381호
주소 부산 해운대구 해운대로 814, 세종월드프라자 A동 205호

인쇄/유통/총판 주식회사 바른북스
주소 서울시 성동구 연무장5길 9-16, 301호 (성수동2가, 블루스톤타워)
대표전화 070-7857-9719

ⓒ 고숙희, 2026
ISBN 979-11-990724-2-8 13190

- 파본이나 잘못된 책은 구입하신 곳에서 교환해드립니다.
- 이 책은 저작권법에 따라 보호를 받는 저작물이므로 무단전재 및 복제를 금지하며,
 이 책 내용의 전부 및 일부를 이용하려면 반드시 저작권자와 도서출판 바른북스의 서면동의를 받아야 합니다.